冷凍つくおき

はじめに

この本をお手にとってくださって、本当にありがとうございます。「つくおき」シリーズとして5冊目のレシピ本です。今回のテーマは"冷凍"です。

冷凍とひと言でいっても、できあがったおかずの冷凍、下ごしらえをした食材の冷凍、生野菜の冷凍といろいろありますが、この本にはすべてのパターンを詰め込みました！

冷凍は活用できるようになると本当に便利です。食材をむだにすることが減り、「冷凍庫になにかしら食べるものがある」という安心感も生まれます。また、冷凍庫を使いこなせると、ちょっとした充実感も味わえます。

この本が少しでもみなさまの生活の助けになればうれしいです！

冷凍作り置きの良いところ

日持ちが長い

冷蔵の作り置きよりも日持ちが長いので、ローテーションできる日数が長くなり、おかずの選択肢が増えます。日付管理がラクになるのも嬉しいところ。

量の調整がしやすい

使う分だけ、食べる分だけ解凍すればよいので、作ったはいいけど食べきれないという悩みも少なくなります。

バリエーションが豊富

解凍するだけでOKのおかずから、ひと手間かけて作りたてを食べられる"おかずのもと"まで、食べる方の好みや状況に合わせられます。

予定の変更にも強い

「急なお客様にすぐ出せるおかずがあと1品欲しい！」「今週は外食ばかりで、作り置きが余ってしまった」どんなシーンにも対応可能なのが冷凍のいいところ。忙しいあなたをフレキシブルに助ける食卓の味方です。

この本は、こんな方におすすめ

- 冷凍初心者
- おかずのバリエーションを増やしたい
- 食材をむだにしたくない
- 作り置きおかずを持て余してしまう
- 冷凍おかずを使いこなせない（奥のほうに化石になった食材が……）
- 生活のリズムが一定でない

冷凍つくおき contents

- はじめに … 2
- 冷凍作り置きの良いところ … 3
- わが家への冷凍おかずへの移行はこうして行われました … 6
- つくおき流　冷凍作り置き黄金4パターン … 8
- 冷凍つくおき必須アイテム … 12
- 冷凍おかず作りの流れ … 14
- 冷凍作り置き生活を長続きさせるコツと注意点 … 16

CHAPTER 01　チンすればすぐごはん　冷凍おかずレシピ30 … 17

- 01　塩レモン風味の鶏ももからあげ … 18
- 02　鶏肉とごぼうのトマト煮込み … 19
- 03　チキンの粒マスタード煮込み … 20
- 04　黒酢照り焼きチキン … 21
- 05　鶏と大根のだし照り煮 … 22
- 06　和風ハンバーグ … 23
- 07　タッカルビ（鶏肉と野菜の韓国風炒め） … 24
- 08　ごはんが進むピリ辛鶏そぼろ … 25
- 09　豚肉ときのこのオイスター炒め … 26
- 10　梅みそ豚しゃぶ … 27
- 11　白菜と豚バラ肉のうま煮 … 28
- 12　ロールキャベツ … 29
- 13　野菜たっぷりミートローフ … 30
- 14　ひき肉たっぷりの麻婆大根 … 31
- 15　揚げ焼き肉団子の甘酢あんかけ … 32
- 16　キャベツメンチカツ … 33
- 17　かぼちゃとレーズンとナッツのサラダ … 34
- 18　かぼちゃとさつまあげの煮物 … 35
- 19　れんこんとひじきの山椒炒め煮 … 36
- 20　蒸し焼きれんこん … 37
- 21　カレーきんぴらごぼう … 38
- 22　さつまいものツナ和え … 39
- 23　さつまいもとソーセージのめんつゆ煮 … 40
- 24　油揚げ入りにんじんしりしり … 41
- 25　きのこのねぎ塩炒め … 42
- 26　のり巻きチーズじゃがいももち … 43
- 27　かぼちゃとベーコンのキッシュ風 … 44
- 28　ポテトマッシュキッシュ … 45
- 29　チリビーンズソーセージ … 46
- 30　基本のひじきの煮物 … 47

コラム1　冷凍しておくと便利な食材 … 48

CHAPTER 02　瞬間調理が可能　下ごしらえ済み冷凍食材 … 49

PART 01

- 肉と魚の下ごしらえをしておく … 50
- チキンのマヨカレーグリル … 51
- 鶏肉のねぎ塩漬け … 52
- チキンの粒マスタード漬け … 53
- 焼き鳥 … 54
- 手羽先のオーブン焼き … 55
- チキンナゲット … 56
- 豚ロースの西京漬け … 57
- 豚肉の梅醤油漬け … 58
- 豚肉と青じそのくるくる巻き … 59
- チーズとんカツ … 60
- れんこん肉詰め … 61
- ハンバーグ … 62
- さわらの梅みりん … 63
- ブリの照り焼き … 64
- 鮭のチーズパン粉焼き … 65

PART 02

- 野菜を切る、火を通す … 66
- 冷凍しておくと便利な野菜一覧
- 下ごしらえ済み野菜の上手な使い方 … 67
- ゆでほうれん草 … 68
- ほうれん草の昆布和え
- ほうれん草のベーコンエッグ … 69
- ほうれん草のごま和え
- ゆで小松菜 … 70
- 小松菜のおかか和え
- 小松菜のツナマヨサラダ … 71
- 小松菜の卵炒め
- ゆでキャベツ … 72
- キャベツの塩レモン和え
- キャベツののり和え … 73
- キャベツとベーコンとチーズのスープ
- ゆで白菜 … 74
- 白菜のおひたし
- 白菜とがんもどきの含め煮 … 75
- 白菜と豚肉の中華風とろみあん
- 揚げなす … 76
- 揚げなすのポン酢醤油和え
- なすの肉みそ炒め … 77
- なすのトマトソース
- ゆでオクラ … 78
- オクラのきざみ昆布和え
- オクラの卵焼き … 79
- オクラ納豆チャーハン
- マッシュポテト … 80
- ポテトサラダ
- カレースコップコロッケ … 81
- じゃがいものポタージュ
- 薄切りかぼちゃ … 82
- かぼちゃのバター醤油焼き
- かぼちゃとしその豚バラ巻き … 83
- かぼちゃのマヨサラダ
- レンジれんこん … 84
- れんこんのレモン和え
- れんこんの和風カレー炒め … 85
- れんこんベーコンチーズペッパー
- ゆでごぼう … 86

ごぼうのごま和え	86
ごぼうのピーナッツマヨサラダ	87
ごぼう南蛮	
レンジ大根	88
大根の甘みそ和え	
大根のゆずこしょう和え	89
大根のにんにく炒め	

PART 03

カット野菜セット、食材ミックスセットを作る	90
セット① キャベツ/たまねぎ/小ねぎ	
セット② 大根/にんじん/長ねぎ	
セット③ 小松菜/にんじん/油揚げ	91
セット④ ごぼう/にんじん/油揚げ	
セット⑤ 白菜/ニラ/もやし	
セット⑥ パプリカミックス	
豚肉とキャベツのみそ炒め	92
キャベツのポン酢おかか和え	93
エッグコンソメスープ	
大根チヂミ	94
大根とにんじんのきんぴら風	95
大根にんじん長ねぎのみそ汁	
炒り豆腐	96
小松菜とにんじんのごまみそ和え	97
かきたま汁	
ごぼうとにんじんの卵とじ	98
鶏肉と根菜のさっと煮	99
ごぼうとにんじんのみそ汁	
白菜チャプチェ	100
白菜ニラもやしのツナ和え	101
野菜中華スープ	
鶏肉とパプリカの甘酢あん	102
パプリカガーリック炒め	103
パプリカのトマトスープ	

コラム2 市販の冷凍食材を上手にストック 104

CHAPTER 03 まとめて冷凍 作り置き10日分 — 105

10日間の冷凍作り置きおかず16品	106
まとめて作り置きの流れ	107
醤油マヨからあげ	108
鶏なすピーマンみそ炒め	109
プレーンミートボール	110
豚肉のだし醤油漬け	111
手羽元の韓国風	112
鮭のみそ漬け	113
かぼちゃのだし煮	114
きんぴられんこん	115
根菜スープ煮	116
ピーマンとツナの卵炒め	117
基本の炒り卵	118
うまみたっぷりトマトソース	
ゆでチンゲン菜、冷凍いんげん	119

作り置きを使ってアレンジ献立①	120
いんげんのトマトソース	
作り置きを使ってアレンジ献立②	121
チンゲン菜とにんじんのおひたし	
作り置きを使ってアレンジ献立③	122
作り置きを使ってアレンジ献立④	123
チンゲン菜と豆腐のみそ汁	
作り置きを使ってアレンジ献立⑤	124
ミートボールBBQソース	
作り置きを使ってアレンジ献立⑥	125
チンゲン菜の卵スープ	
作り置きを使ってアレンジ献立⑦	126
根菜の和風コンソメスープ	
作り置きを使ってアレンジ献立⑧	127
鮭そぼろ丼(鮭のみそ漬け)	
チンゲン菜の塩昆布和え	
作り置きを使ってアレンジ献立⑨	128
ミートボールのトマトソース煮	
いんげんと炒り卵のごま和え	
作り置きを使ってアレンジ献立⑩	129
豚肉のだし醤油卵とじ	

コラム3 上手な解凍のポイント 130

CHAPTER 04 シンプルで使いやすい、がモットー "冷凍つくおき" のキッチン紹介 — 131

冷蔵庫と冷凍庫の紹介	132
機能的なキッチンの工夫	134
冷凍つくおきを使いこなすコツ Q&A	136
おわりに	139

この本の使い方

- 材料や作り方にある「小さじ1」は5ml、「大さじ1」は15ml、「1カップ」は200mlです。

- 野菜類は特に表記のないものは洗う、皮をむくなどの作業を済ませてから手順を説明しています。肉類の余分な脂身の処理や調理前に室温に戻しておく作業も同様です。

- 本書で使用している電子レンジは500Wです。

- レンジやオーブンなどの調理器具をご使用の際には、お使いの機種の取扱説明書にしたがってご使用ください。加熱時間の目安、ラップやポリ袋類の使用方法などに関しては、取扱説明書にある使い方を優先させてください。

- 調理時間は漬け時間などを省いた時間です。

- 保存容器はお使いのものの取扱説明書にしたがって洗浄・消毒した清潔な状態でご使用ください。

- 表記されている金額は編集部調べ(2019年2月現在)です。

冷蔵のつくおきから、冷凍のつくおきへ。

わが家の冷凍おかずへの移行はこうして行われました

冷凍庫の活用の割合

5% — **30%**

👫 夫婦2人

「食べきれなかったおかずを冷凍、あとはほぼごはんと氷とアイス！」

- 毎日の生活リズムが一定
- 週の予定が立てやすい
- 週末まとまった時間が取れる
- 食べる量がだいたい一定
- 急な外食や深夜帰宅してからの食事が週に何度かある

👨‍👩‍👶 夫婦＋乳児の3人

「冷凍って便利かも！ 時間がとれないとき、冷凍おかずに救われることに気づく」

「離乳食にも使えるゆで野菜のストックが徐々に増える」

- 毎日の生活リズムが不安定
- 家にいる時間が長く、こま切れ時間がちょこちょこできる
- 子どもから目が離せずまとまった時間は取れない
- 食事のタイミングがバラバラ
- 大人の食べる量はだいたい一定

つくおき

作り置きおかずの点数（多いとき）

冷蔵　10～12品

冷凍　余れば

作ったものは基本的に冷蔵庫へ。冷凍庫に入っているものはごはん、アイス、氷、えだまめやコーンなどの冷凍野菜。余った食材や食べきれなかったものを冷凍庫に入れて、そのまま忘れてしまうことも……。

作り置きおかずの点数

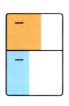

冷蔵　そのときによってバラバラ

冷凍　平均で4～5品

まとめて作り置きの点数が少しずつ減少。すぐに食べきれそうにないおかずを冷凍するようになっていきました。離乳食のために、野菜などの下ごしらえをして冷凍しておくようになったのもこのころから。

冷蔵の作り置きおかずがメインだったわが家の食卓。家族が増え、生活のリズムが変わるにつれて、冷凍の作り置きの割合が増えていきました。暮らしの変化によってどんな風に作り置きが変化していったかをご紹介します。

50%

夫婦＋幼児（離乳食以降）の3人

「子どもの食欲に合わせて、
冷凍おかずが食卓に頻繁に登場」

「冷凍できるおかずは冷蔵と冷凍に分けて保存。
下ごしらえ野菜も冷凍ストックを欠かさないように」

- 毎日の生活のリズムはやや安定
- 子どもにつきっきりの時間が減り、
  少しまとまった時間ができた
- 食事のタイミングはだいたい同じ
- 食べる量は子どもの食欲次第でまちまち

作り置きおかずの点数

冷蔵　平均で5〜8品

冷凍　平均で10〜15品
　　　（食材含む）

下味をつけた肉や魚、火を通した野菜など、下ごしらえをして冷凍しておくものの割合がアップ。はじめから冷凍保存する作り置きおかずの数も増え、冷凍庫に入れるものは全体の半分ぐらいに。冷凍おかずが増えたことで食べ飽きず、下ごしらえ野菜で汁物を作ったりと、献立のバリエーションも増えました。

つくおき流 冷凍作り置き黄金4パターン

パターンいろいろが使いやすい

私の冷凍作り置きはここで紹介する4つ。
使いやすいものから取り入れてみてくださいね。

調理済みのおかずを冷凍

調理時間 ★★★ / 食べる前の手間 ★☆☆
アレンジ力 ★☆☆ / 日持ち 3週間

※日持ちは食品の状態によって変動します。
長く冷蔵庫に入れたままにしておくと
冷凍臭がつくこともあるので、早めの消費を心がけます。

 →

作り置きするときには少し時間をかけるけれど、
食べるときは解凍するだけ！
時間がない日の強い味方です。

基本の冷凍方法
できあがったおかずの粗熱を取り、冷蔵庫でしっかりと冷まします。
冷凍保存用ポリ袋に入れ、空気をしっかり抜いてから冷凍します。
たれがかかっているおかずなどは、バットに並べて凍らせてからポリ袋に移します。

食べ方

メインおかずも副菜も、基本的にお皿に盛り、ふわり
とラップをかけて、電子レンジで温めます。
ラップで小分けにした副菜は、ラップのまま電子レンジ
で温めて、小皿に移すこともあります。

こんなおかずが向いている

- 肉や根菜を使っている
- こんにゃく、しらたきなどの加工品を使っていない
- 冷凍に不向きの形状の野菜を使っていない（大きめのじゃがいも、さつまいもなど）

GOLDEN PATTERN

下ごしらえ済み冷凍食材1
肉・魚に味をつける、成形する

- 調理時間 ★★☆ / 食べる前の手間 ★★★
- アレンジ力 ★★☆ / 日持ち 3週間

※日持ちは食品の状態によって変動します。
長く冷蔵庫に入れたままにしておくと
冷凍臭がつくこともあるので、早めの消費を心がけます。

味のついた肉や魚を冷凍。
冷蔵庫で解凍、または凍ったまま調理します。
作る時間を分散できるので家事の効率アップにつながります。
作りたてを食べられるというのもいいところ。

基本の冷凍方法　調味料をしっかりなじませます。ひき肉料理などは成形までを済ませてバットに並べていったん凍らせて、冷凍保存用ポリ袋に入れ、空気をしっかり抜いてから冷凍します。

食べ方

解凍、または凍ったままの状態で調理します。単品での調理だけでなく、ほかの食材と組み合わせてアレンジすることも。

こんな食材が向いている

- しっかり味をつけたい肉や魚の切り身

GOLDEN PATTERN

下ごしらえ済み冷凍食材2
野菜の準備を終えておく

🕐 調理時間 ★☆☆ / ✏️ 食べる前の手間 ★★☆
🍲 アレンジ力 ★★★ / 📄 日持ち 3週間

※日持ちは食品の状態によって変動します。
長く冷蔵庫に入れたままにしておくと
冷凍臭がつくこともあるので、早めの消費を心がけます。

 ゆでたり揚げたりと、加熱した野菜を冷凍。
使いきりたい食材も、この状態にして冷凍しておけば
いろいろなメニューに活用できます。
一度火を通しているので、調理時間の短縮にもつながります。

基本の冷凍方法 下ごしらえだけを終わらせたら、水気をよく切って冷凍保存用ポリ袋に入れ、空気をしっかり抜いてから冷凍します。葉物野菜などはラップを使って小分けにしてから冷凍保存用ポリ袋に入れます。

食べ方

食材のひとつとして、凍ったまま調理に使います。電子レンジで解凍したものにさっと味をつけて、シンプルな副菜を作ることもあります。

こんな食材が向いている

- さっと火を通した葉物野菜
- 根菜類

GOLDEN PATTERN

下ごしらえ済み冷凍食材 3
カット野菜セット、食材ミックスを作る

- 調理時間 ★☆☆ / 食べる前の手間 ★★★
- アレンジ力 ★★★ / 日持ち 3週間

※日持ちは食品の状態によって変動します。
長く冷蔵庫に入れたままにしておくと
冷凍臭がつくこともあるので、早めの消費を心がけます。

調理で余った食材をついでに切って冷凍したり、
自分好みの食材を組み合わせたりして「カット野菜パック」にして
冷凍します。ちょっと野菜を足したいときにさっと使えて便利。
食材のむだも減ります。

基本の冷凍方法　切った野菜を使いやすい分量で冷凍保存用ポリ袋に入れ、
空気をしっかり抜いてから冷凍します。

食べ方

食材として調理します。炒め物、汁物に使えるのはもちろん、電子レンジで加熱して和えものにもなります。生のものを冷凍しているので、加熱してから冷凍したものより、長めに加熱するのがポイントです。

こんな食材が向いている

- 葉物野菜
- 根菜類

冷凍つくおき必須アイテム

おいしさを保ったまま冷凍するためには、ちょっとしたコツがあります。
それを助けるアイテムがこちら。
どれもスーパーやネットで買えるものばかりです。

保存容器

作ったおかずは、いったん保存容器に入れて冷ましてから冷凍します。ホーロー製だけでなくガラス製のものも使用。ごはんは、1食分ずつ専用のプラスチック製保存容器に入れます。素材についてはP.137を参照。

冷凍保存用ポリ袋

基本的に冷凍保存はジッパー付きのポリ袋を使っています。薄い状態で保存できるマチなしタイプのSとMを常備。おかずの量によってSを3枚、Mを2枚など組み合わせて使います。素材についてはP.137を参照。

食品用ラップ

おかずを小分けにしたり、容器に色が移るのを防いだりと、何かと活躍する食品用ラップ。主にレギュラーサイズとミニサイズを使い分けています。素材についてはP.137を参照。

普通のポリ袋

小分け冷凍するタイプのおかずに使用します。普通のポリ袋に入れてからさらにジッパー付きの冷凍保存用ポリ袋に入れて、おかずをなるべく冷凍庫内の空気に触れさせないようにします。

バット

作った料理を広げて冷ましたり、袋に入れる前にいったん冷凍したりするときに活躍。バットに入れて粗熱が取れたらぴっちりとラップをかけて、そのまま冷凍庫に入れています。

保冷剤

キャンプ用品の大きな保冷剤。この上にバットをのせて、一気におかずを冷ますこともあります。冷凍庫内に入れてその上に容器やバットを置くことで急速冷凍することも。

ボウルとざる

上手な冷凍のコツのひとつが、できるだけ水分を取っておくこと。ゆでた野菜などはボウルとざるを重ねた上にキッチンペーパーを置き、きっちり水切りをします。もちろん、和えものなどの調理にも使います。

キッチンペーパー

水切りがポイントになる冷凍用のおかず作りには欠かせないアイテムです。食材の水分だけでなく、容器の水分などもペーパーを使ってしっかりふき取ります。

使い捨てゴム手袋

肉や魚の下味をつける時、冷蔵冷凍を問わず業務用の使い捨て手袋を使っています。超薄型で手をぴっちり包むゴム製のものです。衛生面でも安心でき、手が汚れないのも嬉しい。わが家ではネット通販で購入しています。

冷凍おかず作りの流れ

わが家の冷凍作り置きの流れを大まかにまとめました。
設備やライフスタイルによっていろいろなやり方があると思います。
ご自身に合った作り置きの流れを見つけてくださいね。

1 おかずを作る

作り置かないおかずと一緒に作ることもあれば、最初から冷凍するために何品かまとめて作ることもあります。余り食材を活用して冷凍することも。時間の有無や家にある食材の種類、冷蔵庫の容量に合わせて臨機応変に。

2 完全に冷ます

粗熱を取ってから、冷蔵庫に入れてしっかり冷まします。バットなどに広げて粗熱を取ることも。その際にはアウトドア用の保冷剤をバットの下に置いて、その上におかずを置いて急速に冷ましています。

point

しっかり水気を切る

- ゆで野菜などは水分をできるだけ少なくして冷凍したほうがおいしさが長持ちします。ゆでてから手でぎゅっと水分をしぼったあとに、ボウルの上にざるをのせ、キッチンペーパーをしいて野菜の水気を切ります。

3 冷凍庫へ入れる

冷凍用のポリ袋に移し、密閉して凍らせます。野菜などは袋の口を1cmほど開けてから、端から丸めて空気を押し出し、真空状態に近づけます。

バットの上におかずを並べて凍らせてから、ポリ袋に移して冷凍庫へ入れることもあります。中に入っているものが溶けないように、冷蔵庫から移してきたものを凍らせるスペースとすでに凍っているものが入っている保存スペースとを分けています。（写真①）凍らせるスペースには保冷剤を入れてあるので、ポリ袋に入れたおかずを一気に冷凍できます。（写真②〜③）

point

バットにのせて凍らせるおかずのポイント

- ラップはぴっちり張って、小さいバットを大きいバットの上に重ねて凍らせます。凍ると上のラップに霜がつくので、霜がおかずにつかないようにそっとラップを取り外します。

- ポリ袋に移し替えるときは、空気を軽く抜くだけでOK。手の熱で食材を溶かさないように、移し替えたらすぐに冷凍庫へ入れます。一度凍れば霜は発生しにくいです。

おいしさと使いやすさのポイント

できるだけ薄く広げて入れる
薄く広げて凍らせて、縦に収納。スペースがむだになりません。解凍するときも、必要な分だけパキッと割って使えて便利です。

ラップで小分けにする
食べやすい分量、使いやすい分量で小分けにして保存します。味の持ちも、使い勝手もよくなります。特に電子レンジで解凍する場合は、ラップのまま入れて加熱できるので手間がなく便利です。

汁気は少なくする
野菜を水切りするのと同様に、余分な水分があるおかずは、汁気を減らして冷凍します。解凍したときに水分が漏れるのも防げます。スープのようなおかずは例外で、汁もそのまま冷凍します。

冷凍作り置き生活を長続きさせるコツと注意点

 取り入れやすいものから少しずつ始める

あると便利なものを定番化

例えば青菜とメインおかず何かひとつだけは必ず冷凍庫に入れておく。最初はそのぐらいでもいいと思います。便利だな、と思ったら少しずつ冷凍するものを増やしましょう。

使いきりの週を作る

今週は冷凍庫整理！という週を作っています。月に1回ぐらいの頻度で行うと庫内も気分もすっきりして、またおかずのストックを作ろうという気持ちになります。

冷凍庫を見える化

何が入っているのかわからなくなると、せっかく冷凍したものを活用できずに終わります。ジャンルごとにどこに何を入れるか、ざっくりでいいので決めておくとチェックがしやすいです。整理が苦手な方は、今何がストックされているのかをメモしてドアに貼っておくのもおすすめです。わが家ではチョークボードを使っていました。

 Notice!

使用する容器や袋は清潔に

冷凍も冷蔵の作り置きと同じです。使用する道具や容器は清潔なものを使います。基本的に冷凍用ポリ袋は使い捨てます。わが家はたくさんの量を使うので、ネット通販で業務用を購入しています。

解凍したものは使いきる

いったん解凍したものを再冷凍すると、味が落ちるだけでなく衛生的にもよくないようです。解凍したおかずはできるだけ早く食べきるようにしてくださいね。

CHAPTER
01
Frozen dishes recipes 30

＼チンすればすぐごはん／
冷凍おかず レシピ30

作り置きに慣れている方も、はじめての方も取り入れやすいおかずの冷凍。私もここからスタートしました。いろいろなタイプのおかずの冷凍方法を掲載しているので、応用力も身につくはずです。

01 さっぱりおいしい定番おかず
塩レモン風味の鶏ももからあげ

\冷凍中/

- 調理 **20分**
- 費用 **424円**
- フライパン調理
- お弁当に

冷凍と解凍のポイント
冷凍用のポリ袋に入れ、できるだけ空気を抜いて保存します。解凍はオーブンやトースターで10分ほど再加熱するとカラッと仕上がります。

※表示の調理時間は、肉の漬け時間を含まない目安の時間です。

材料（保存容器大1個分）

鶏もも肉…400g
A　レモン汁…大さじ1
　　中華スープの素※メモ1
　　　…小さじ1
　　にんにくチューブ…3cm
　　しょうがチューブ…3cm
　　粗びき黒こしょう…少々
片栗粉…適量
揚げ油…適量

作り方

1 鶏肉は余分な脂を取り除き、フォークなどで数カ所穴をあけ、一口大に切る。

2 ポリ袋にAを入れて混ぜ合わせ、1を加えてよくもみ込み、20分ほど置く。※メモ2

3 バットに片栗粉を広げ、2にまんべんなくまぶす。

4 フライパンに多めの油を熱し、中火～強めの中火で3を揚げ焼きにする。※メモ3

メモ1：中華スープの素
「塩レモン」という料理名ですが、塩は使わず中華スープの素で塩気をきかせています。中華スープの素は商品によって塩気が異なるので、お使いのものに合わせて分量を調整してください。中華スープの素は溶けづらいので、味にムラが出ないよう、鶏肉を入れる前に袋の上からよくもみ込んで溶かします。

メモ2：鶏肉の漬け時間
20分でもよいですが、前日に手順2までやったら、ひと晩冷蔵庫で漬け込むことが多いです。火の通りにムラが出ないよう室温に戻してから調理します。

メモ3：揚げ焼き
油を熱したら、皮目を下にしてフライパンに入れます。火が通って衣のふちが茶色くなってきたら裏返します。裏返してからは火の通りが早いので、両面ともよい揚げ色になったらさっと取り出して、油を切ります。裏返す以外はほとんど動かさないこともポイントです。

02 うまみたっぷり、ごろっと食感
鶏肉とごぼうのトマト煮込み

\冷凍中/

調理 **40分**　費用 **518円**　鍋調理　お弁当に

冷凍と解凍のポイント
1食分ずつ小分けにし、空気を抜いて平らにして冷凍します。解凍するときは、ふちのある器に入れてレンジ加熱します。

材料（保存容器大1個分）

鶏もも肉…350g
ごぼう…細2本（約150g）
※メモ1

A ┃ トマト缶※メモ2…1缶
　 ┃ みそ…大さじ1
　 ┃ 塩…少々

塩…好みで

作り方

1. ごぼうは汚れを洗い流し、好みで皮をむき、1cm幅の斜め薄切りにし、水にさらしてアクを抜く。鶏肉は余分な脂を取り除き、一口大に切る。
2. 鍋に、水気を切ったごぼう、鶏肉、Aを入れ、中火で煮立てる。※メモ3
3. 煮立ったら、落としブタをし、弱めの中火で20～30分、ほどよく煮る。※メモ4　好みで塩をふり、味をととのえる。

メモ1：ごぼうの大きさ
ごぼうは太さにバラつきがあるので、太いものであれば、½本くらいに調整してください。

メモ2：トマト缶の種類
カットトマトを使っていますが、お好みでホールタイプでも構いません。ホールタイプを使う場合は、中身を鍋に入れたら、へらなどでつぶします。

メモ3：トマト缶は汁ごと使う
トマト缶は汁ごと使います。缶詰や紙パックの内側に残ったトマトや汁は、水を少し入れてふって、一緒に鍋に入れます。

メモ4：焦げつきに注意
水分を飛ばしながら煮詰めますが、鍋底が焦げつかないように、途中様子を見ながら全体をかき混ぜてください。落としブタは、クッキングシートに切り込みを入れたものを使っています。

03 チキンの粒マスタード煮込み

粒マスタードがアクセント

\冷凍中/　調理 **20分**　費用 **614円**　フライパン調理　お弁当に

冷凍と解凍のポイント
大きめの袋に入れ、空気を抜いて平らにして冷凍します。解凍するときは必要な分だけ割り、ふちのある器に入れてレンジ加熱します。※メモ1

材料（保存容器大1個分）
- 鶏もも肉…350g
- たまねぎ…1/2個
- バター…10g
- A
  - 塩…少々
  - 粗びき黒こしょう…少々
- B
  - 生クリーム ※メモ2 …100mL
  - 粒マスタード…小さじ1.5
  - 顆粒コンソメ…小さじ1
- 粗びき黒こしょう…好みで

作り方
1. 鶏肉は食べやすい大きさに切り、Aをふる。たまねぎは薄切りにする。
2. フライパンにバターを熱し、たまねぎが透き通るくらいまで炒める。
3. 2に鶏肉を加え、表面の色が変わるくらいまで焼く。※メモ3
4. 3にBを加えてフタをし、弱〜中火で5分程度蒸し煮にする。
5. 好みで粗びき黒こしょうをふる。

メモ1：冷凍のコツ
冷凍するときは大きめの冷凍用ポリ袋にゆとりをもって入れると、手で割って必要な分だけ取り出せます。

メモ2：生クリーム
牛乳でも似たような味になりますが、分離してしまうので生クリームの使用をおすすめします。

メモ3：焼き加減
フタをして蒸し煮にするので、しっかりと焼く必要はありません。表面が白くなるくらいで構いません。

04 黒酢効果でやわらかジューシー
黒酢照り焼きチキン

- 調理 **20分**
- 費用 **383円**
- フライパン調理
- お弁当に

\冷凍中/

冷凍と解凍のポイント
1回で食べる分に大きく切り分けてから袋に入れ、空気を抜いて冷凍します。解凍するときはお皿に移しレンジ加熱してから食べやすく切り分けます。

材料（保存容器大1個分）
鶏もも肉…1枚（約350g）
- A 塩…少々
  - 粗びき黒こしょう…少々
- B 黒酢…大さじ3
  - みりん…大さじ2
  - 砂糖…大さじ1
  - 醤油…大さじ1

小ねぎ（小口切り）…好みで
サラダ油…適量

作り方
1. 鶏肉は室温に戻す。※メモ1 余分な脂を取り除き、フォークなどで数カ所穴をあけ、Aをふる。
2. フライパンに少量の油をひいて中火で熱し、1を皮目を下にして入れる。表面がこんがりときつね色になるまで3〜4分焼く。※メモ2
3. 裏返してフタをし、弱火で4分ほど蒸し焼きにする。
4. フタを取り、余分な油をキッチンペーパーでふき取る。Bを加え、強火にして1〜2分ほど煮詰める。※メモ3
5. たれがとろっと煮詰まってきたら火を弱め、鶏肉の両面に煮からめる。好みで小ねぎを散らす。

メモ1：鶏肉は室温に戻す
冷たいまま調理すると火の通りにムラが出るので、調理前に冷蔵庫から出して室温に戻します。時間に余裕があれば15〜30分は室内に置いておくとよいです。

メモ2：皮目を焼く
鶏肉に熱が入って焼き縮みはじめたら、フライ返しなどで上からおさえるとよいです。皮目がしっかりと焼けます。

メモ3：たれの煮詰め方
たれは分量が多いため、強火にしてふつふつと煮立たせて水分を飛ばします。とろっとしたたれになったら火を弱め、鶏肉に煮からめます。

メモ4：完成後のポイント
冷蔵庫で冷ますときは切り分けずに1枚肉のまま保存して、冷凍するときに切り分けます。完全に冷める前に切り分けると、肉汁が流れ出てジューシーさが失われてしまいます。

05 ごはんとの相性も抜群
鶏と大根のだし照り煮

\冷凍中/

🕐 調理 **20**分　💴 費用 **388**円　🔲 電子レンジ調理　🍳 フライパン調理　🍱 お弁当に

冷凍と解凍のポイント
大きめの袋に入れ、空気を抜いて平らにして冷凍します。解凍するときは必要な分だけ割り、お皿に移してレンジ加熱します。

メモ1：大根はレンジ加熱する
味がよくしみ込むよう、煮る前にレンジ加熱します。厚めに切っているので、加熱時間は少し長めです。耐熱容器は、大根どうしが重ならないような底が平らなものがよいです。

メモ2：鶏肉は室温に戻す
鶏肉は冷たいまま調理すると火の通りにムラが出るので、室温に戻します。時間に余裕があれば、冷蔵庫から出して15〜30分は室内に置いておきます。

材料（保存容器大1個分）

- 鶏もも肉…350g
- 大根…¼本（約250g）
- 塩…少々
- A　みりん…大さじ2
　　醤油…大さじ1
　　砂糖…大さじ1
　　白だし…大さじ1
- 小ねぎ（小口切り）…好みで
- サラダ油…適量

作り方

1. 大根は皮をむき、6〜7mm幅のいちょう切りにする。耐熱容器に入れ、ふわりとラップをして、500Wの電子レンジで5分加熱する。※メモ1
2. 鶏肉はなるべく室温に戻す。※メモ2 余分な脂を取り除き、2cmの角切りにし、フォークなどで数カ所穴をあけ、塩をふる。
3. フライパンに油を熱し、中火で2を皮目を下にして焼く。裏返して、両面とも薄く焼き色がつくまで焼いたら、1を加え、全体に油がまわるよう炒め合わせる。
4. 3にAを加え、フタをして弱〜中火で10分ほど煮る。ときどき火の通り具合や焦げついていないかを確認し、全体をかき混ぜる。
5. フタを取り、煮汁が多い場合は火を強め、水分をほどよく飛ばす。好みで小ねぎを散らす。

06 食べごたえのあるジューシーな仕上がり
和風ハンバーグ

\冷凍中/ 調理 30分 | 費用 653円 | 鍋調理 | フライパン調理 | お弁当に

冷凍と解凍のポイント
Mサイズの袋に4個を目安に煮汁ごと入れて、すき間をあけて凍らせれば、1つずつ取り出せます。解凍は深めのお皿でレンジ加熱。

※表示の調理時間は、肉だねを寝かせる時間を含まない目安の時間です。

材料（保存容器大1個分）

豚ひき肉…300g
たまねぎ…½個（約100g）
A　卵…1個
　　パン粉…½カップ
　　塩…小さじ½
エリンギ…½パック（約50g）
まいたけ…½パック（約50g）
B　水…250mL
　　白だし…大さじ1.5
　　醤油…大さじ1
C　片栗粉…小さじ1.5
　　水…小さじ1.5
小ねぎ（小口切り）…好みで
サラダ油…適量

作り方

1 たまねぎは皮をむき、みじん切りにする。エリンギは横半分に切り、薄切りにする。まいたけは手でほぐす。

2 ボウルに豚ひき肉を入れ、粘りが出るまでこねる。たまねぎ、Aを入れ、さらにこねる。冷蔵庫で寝かせる。※メモ1

3 2を8等分して成形し、油をひいたフライパンに並べる。※メモ2 強火で2分ほど焼いたら裏返してフタをし、中火で3〜4分蒸し焼きにする。

4 鍋にエリンギ、まいたけ、Bを入れ、煮立たせる。弱火にして3を入れ、フタをして10分ほど煮込む。

5 ハンバーグを保存容器に取り出す。同じ鍋に混ぜ合わせたCを入れてとろみをつけ、ハンバーグにかける。好みで小ねぎを散らす。

メモ1：肉だねは寝かせる
肉だねは冷蔵庫で少なくとも30分〜1時間くらいは寝かせると味がなじみ、成形もしやすくなります。

メモ2：成形のポイント
両手で肉だねをキャッチボールするようにして空気を抜きます。成形したら、真ん中を少しくぼませます。フッ素樹脂加工（テフロン）などの焦げつきにくいフライパンをお使いであれば、油はひかなくてもよいです。すべてフライパンに並べてから焼きます。

07 タッカルビ（鶏肉と野菜の韓国風炒め）

やみつきになるピリ辛味

調理 15分　費用 453円　フライパン調理

冷凍中

冷凍と解凍のポイント
大きめの袋に入れ、空気を抜いて平らにして冷凍します。解凍するときは必要な分だけ割り、ふちのある器に入れてレンジ加熱します。＊メモ1

メモ1：冷凍のコツ
冷凍するときは大きめの冷凍用ポリ袋にゆとりをもって入れると、手で割って必要な分だけ取り出せます。

メモ2：アレンジ
私がお店で食べたタッカルビには、しめじも入っていました。よろしければお好みでどうぞ。温め直すときにミックスチーズを適当にふりかければチーズタッカルビになります。辛さがマイルドになり、チーズのコクも加わっておいしいです。

メモ3：保存容器
プラスチック容器にコチュジャンの色が着色する可能性があるので、ガラスやホーロー製の容器に入れて冷ますことをおすすめします。

材料（保存容器大1個分）

鶏もも肉…350g
たまねぎ…1個（約250g）
A　コチュジャン…大さじ1.5
　　みりん…大さじ1.5
　　砂糖…大さじ1
　　醤油…大さじ1
　　にんにくチューブ…3cm
小ねぎ（小口切り）…好みで
サラダ油…適量

作り方

1 鶏肉は室温に戻す。余分な脂を取り除き、小さめの一口大に切る。たまねぎは皮をむき、薄切りにする。Aはボウルに入れて混ぜ合わせる。

2 フライパンに油を熱し、たまねぎを入れ、中火でしんなりするくらいまで炒める。

3 たまねぎを端によせる。あいたスペースに鶏肉を入れ、表面に焼き色がつくまで炒める。

4 フライパンの余分な油をキッチンペーパーでふき取り、Aを加え、全体に味がいきわたるよう炒め合わせる。

5 水分がほどよく飛ぶまで煮詰める。好みで小ねぎを散らす。

08 コチュジャンを使ったうま辛味
ごはんが進むピリ辛鶏そぼろ

\冷凍中/

🕐 調理 **10分**　¥ 費用 **651円**　🍳 フライパン調理　🍱 お弁当に

冷凍と解凍のポイント
袋に入れ空気を抜いて平らにして冷凍します。解凍するときは必要な分だけ割り、お皿に移してレンジ加熱します。

材料（保存容器大1個分）

鶏ももひき肉…500g
A　みりん…大さじ2
　　コチュジャン…大さじ1.5
　　砂糖…大さじ1
　　醤油…大さじ1
　　ごま油…小さじ1

作り方

1　フライパンには油をひかず、※メモ1 中火でひき肉の色が変わるまで炒める。

2　1にA ※メモ2 を加えて炒め合わせ、水分がほどよく飛ぶまで炒める。

メモ1：油をひかない
私はフッ素樹脂加工（テフロン）のフライパンを使用しています。また、炒めていると鶏ももひき肉から脂が出るため、油をひいていません。お手持ちのフライパンがこびりつきやすい場合は、油適量を使用してくださいね。

メモ2：調味料の分量
レシピに記載している調味料の分量で、ほんのり辛くて甘さも感じる味つけになります。食べはじめは少し薄く、食べ進めていくとちょうどよい濃さになっていく感じです。

メモ3：おすすめの食べ方
数種類のナムルと合わせて丼にしてもおいしいです。お好みで温泉卵を加えてください。普通のそぼろと同じように三色そぼろ丼にするのもおすすめです。

09 きのこのうまみ＋ソースのコク
豚肉ときのこのオイスター炒め

\冷凍中/ 調理 10分　費用 490円　フライパン調理　お弁当に

冷凍と解凍のポイント
袋に入れ空気を抜いて平らにして冷凍します。解凍するときは必要な分だけ割り、お皿に移してレンジ加熱します。

メモ1：豚肉の種類
お好みで、こってりとした仕上がりになる豚バラ肉やコクのある豚ロース肉など、違う部位で作ってもよいです。

メモ2：きのこについて
しめじ、エリンギ、まいたけを合わせて約300g使っています。どの種類のきのこをどのくらい使うかはお好みで。

メモ3：エリンギの切り方
エリンギは大きいものであれば、縦3等分に切り分けてください。

材料（保存容器中1個分）

豚こま切れ肉 ※メモ1 …200g
しめじ ※メモ2 …約140g
エリンギ ※メモ2 …約100g
まいたけ ※メモ2 …約60g
A　塩…少々
　　粗びき黒こしょう…少々
B　オイスターソース…大さじ1
　　みりん…大さじ1
　　砂糖…小さじ1
小ねぎ（小口切り）…好みで
サラダ油…適量

作り方

1　豚肉は1〜2cm幅に切り、Aをふる。しめじは石づきを切り落とし、手でほぐす。エリンギは横半分に切り、薄切りにする。※メモ3　まいたけは手でほぐす。

2　フライパンに油を熱し、中火で豚肉の表面の色が変わるくらいまで炒める。きのこを加えてフタをし、きのこがくたっとするまで2〜3分蒸し焼きにする。

3　フタを取り、Bを加え、全体に味がいきわたるよう炒め合わせる。好みで小ねぎを散らす。

10 野菜と一緒に食べてもおいしい
梅みそ豚しゃぶ

\冷凍中/　調理 15分　費用 593円　鍋調理　お弁当に

冷凍と解凍のポイント
袋に入れ空気を抜いて平らにして冷凍します。解凍するときは、冷蔵庫で解凍したほうが、よりやわらかく食べられます。

材料（保存容器大1個分）
豚薄切り肉…400g
梅干し（塩分8〜10%）
　…大3粒
A　みそ…大さじ1.5
　　白だし…小さじ1
　　醤油…小さじ1

作り方
1　梅は種を取り、包丁でたたき、Aと混ぜ合わせる。大きな鍋に水を入れて火にかけ、沸騰する手前で火を止める。※メモ1

2　豚肉を1枚ずつ広げながら1の鍋に入れてゆでる。一度にゆでる枚数は6枚を目処に、色が変わったら順番にざるに上げる。※メモ2

3　豚肉の水分がある程度切れたら、冷めきらないうちに1の調味液と和える。※メモ3

4　豚肉をすべてゆで終えるまで、2〜3を繰り返す。

メモ1：高すぎる温度でゆでない
沸騰しっぱなしのお湯でゆでると固くなってしまうので、鍋の火を止めてからゆでます。

メモ2：やりやすい枚数でゆでる
私の場合は6枚くらいがやりやすかったので、6枚と書いています。鍋に広げながら豚肉を入れていって、最初に入れた豚肉からざるに上げていき、ゆですぎを防ぎます。使用する鍋によって、ゆでているときに温度がすぐに下がりますので、適宜火をつけて鍋の湯温を調整してください。白くなるまでゆでてくださいね。

メモ3：ゆでたらなるべく早く調味液と和える
ゆで上がった状態で放っておくと水分が蒸発しすぎてパサつくので、水気がある程度切れたら早めに調味液と和えてください。

11 白菜と豚バラ肉のうま煮

体がほっこり温まる煮物

\冷凍中/

調理 20分　費用 721円　鍋調理

冷凍と解凍のポイント
解凍しやすい量で小分けにし、空気を抜いて平らにして冷凍します。解凍するときは、ふちのある器に入れてレンジ加熱します。

材料（保存容器大1個分）
- 豚バラ薄切り肉 ※メモ1 …350g
- 白菜…¼株（約600g）
- A
  - みりん…大さじ2
  - 醤油…大さじ2
  - 水…大さじ2
  - 中華スープの素…小さじ1
- B
  - 片栗粉…大さじ1
  - 水…大さじ1
- 塩…少々

作り方
1. 白菜は根元を切り落とし、水洗いして軽く水気を切り、葉は2cm幅のざく切りに、芯は1cm幅の細切りかそぎ切りにする。※メモ2　豚肉は食べやすい大きさに切る。
2. Bは混ぜ合わせ、水溶き片栗粉を作る。
3. 大きめの鍋に、白菜、豚肉、Aを順番に入れ、フタをし、煮立ったら弱〜中火にして5分煮る。
4. フタを取り、全体をかき混ぜる。再びフタをし、さらに5分煮て、塩で味をととのえる。※メモ3
5. 火を弱め、水溶き片栗粉でとろみをつける。※メモ4

メモ1：豚肉の種類
豚バラ肉はコクとうまみで煮物をおいしくしてくれますが、豚肉の中でも脂身が多い部位です。お好みで豚こま切れ肉や豚ロース肉など、違う部位で作ってもよいです。

メモ2：白菜は葉と芯で切り方を変える
白菜の芯は火が通りにくいので、葉よりも細かめに切ります。私はおおざっぱに切り方を変えていますが、よりていねいに、葉と芯をV字に切り分け、それぞれ別に切る、というやり方もあります。

メモ3：塩で味をととのえる
煮汁を味見してみて、お好みで塩を少々入れてください。味が引き締まります。

メモ4：水溶き片栗粉
時間がたつと片栗粉が下に沈むので、使う直前に再度かき混ぜてください。煮汁の量によって使う量を調整して。

12 ロールキャベツ

栄養もボリュームも満点の煮込み

\冷凍中/ 調理 45分 費用 531円 電子レンジ調理 鍋調理

冷凍と解凍のポイント
解凍しやすい量で小分け冷凍。レンジ解凍は中まで温まりにくいのでいちど冷蔵庫で解凍するか、ワット数を下げて加熱時間を長くしてかけて。

※表示の調理時間は、肉だねを寝かせる時間を含まない目安の時間です。

材料（保存容器大2個分）

- キャベツ…1玉 ※メモ1
- 豚ひき肉…300g
- たまねぎ…½個
- バター…10g
- 卵…1個
- パン粉…¼カップ
- A
  - 塩…少々
  - 粗びき黒こしょう…少々
  - ナツメグ…少々
- B
  - 水…1.5カップ ※メモ2
  - 顆粒コンソメ…小さじ2
  - 塩…少々
- パセリ…好みで

作り方

1. たまねぎは皮をむいて、みじん切りにし、耐熱容器に入れ、500Wの電子レンジで3分程度加熱する。熱いうちにバターをからませ、粗熱を取る。
2. ひき肉は粘りが出るくらいまでしっかりと混ぜ合わせ、1、卵、パン粉、Aを順番に加え、そのつどよく混ぜる。混ぜ合わせたら、冷蔵庫で寝かせる。
3. キャベツは水洗いをし、芯をくりぬく。大きな鍋に湯を沸かし、1玉まるごと入れてやわらかくなるまで5分程度ゆでる。取り出して外側を数枚むき、内側がまだ固いようなら再度ゆでる。
4. 2の肉だねを7～8等分し、キャベツの外側と内側の葉を1枚ずつ使って巻き、※メモ3 巻き終わりを下にして、鍋に入れる。※メモ4
5. 4にBを加え、フタをして弱～中火で30分程度煮込む。好みでパセリを散らす。

メモ1：キャベツの分量
キャベツは大きさによっては余ります。1玉まるごとゆでて、余ったら温野菜として食べます。

メモ2：煮込むときの水の量
水の量は、使う鍋によって加減してください。具材がひたひたになるくらいが目安です。私は、20cmの両手鍋で調理しています。

メモ3：キャベツの巻き方
キャベツの葉は内側にいくほど小さくなるので、一番外側と一番内側の2枚を一部重ねて、肉だねの大きさに合わせてキャベツを畳みながら巻いていきます。

メモ4：鍋にぎゅうぎゅうになるように入れる
ロールキャベツを鍋底いっぱいに詰めるように入れると、型崩れせずに煮込むことができます。すき間を作らないように、押し込みながら入れていきます。

13 野菜たっぷりミートローフ
野菜が入ってヘルシーなおいしさ

調理 40分 / 費用 482円 / オーブン調理 / お弁当に

\冷凍中/ **冷凍と解凍のポイント**

冷蔵庫で冷やし、切り分けて1つずつラップで包み、袋に入れて冷凍。解凍するときはお皿にのせるかラップの閉じた口を上にして、レンジ加熱。

※表示の調理時間は、肉だねを寝かせる時間を含まない目安の時間です。

材料（保存容器大1個分）

- 豚ひき肉…300g
- にんじん…½本（約50g）
- たまねぎ…½個（約150g）
- セロリの茎…1本
- 卵…1個
- A
  - パン粉…½カップ
  - トマトケチャップ…大さじ2
  - 中濃ソース…大さじ1
  - 塩…小さじ½
  - 粗びき黒こしょう…少々
  - スパイス※メモ1…好みで
  - ドライパセリ…好みで

作り方

1 にんじん、たまねぎは皮をむき、みじん切りにする。セロリは葉を取り除き、茎の筋を取り、みじん切りにする。※メモ2

2 ボウルにひき肉を入れ、粘りが出るまでこねる。1、卵を加え、さらによくこね、Aを加えて、まよくこねる。冷蔵庫で寝かせる。※メモ3

3 オーブンを200度に予熱する。

4 2を冷蔵庫から出し、クッキングシートをしいた天板の上で、長方形の箱のような形に成形する。※メモ4

5 4を200度のオーブンで25〜30分焼く。※メモ5

メモ1：スパイスの種類
オレガノ、クミン、ナツメグを少し使っています。お好みなのでなくてもよいです。

メモ2：チョッパーが便利
野菜はチョッパーでまとめて細かいみじん切りにしています。包丁でみじん切りにする場合も、なるべく細かいほうが食感がよくなります。

メモ3：たねは寝かせる
たねは冷蔵庫で少なくとも30分〜1時間は寝かせるとよいです。味がなじみ、成形もしやすくなります。私は前日の夜か当日の朝にたねを作り、数時間寝かせておくことが多いです。

メモ4：成形するときの形
縦15cm、横12cm、高さ2〜3cmの長方形の箱のように成形します。ぴったりこの大きさにする必要はありませんが、これより高さがあって立方体に近い形だと、中まで火が通るのに時間がかかります。

メモ5：完成後
切り分けるのは冷めてからにしてください。熱いうちに切ると形が崩れやすいですし、肉汁が流れ出てしまいます。

14 コクうまがっつり系の中華おかず
ひき肉たっぷりの麻婆大根

\冷凍中/

調理 **15分**　費用 **556円**　電子レンジ調理　フライパン調理　お弁当に

冷凍と解凍のポイント

袋に入れ空気を抜いて平らにして冷凍します。解凍するときは必要な分だけ割り、お皿に移してレンジ加熱します。

メモ1：大根はレンジ加熱する

炒める前にレンジ加熱することで、時間を短縮できます。耐熱容器は、大根どうしが重ならないような底が平らなものがよいです。

メモ2：炒めるときのポイント

豚ひき肉から脂が出てくるので、フッ素樹脂加工（テフロン）などの焦げつかないフライパンをお使いであれば、油はひかなくてもよいです。長ねぎやしょうがが焦げつきそうなときは火を弱めてください。

材料（保存容器大1個分）

- 豚ひき肉…300g
- 大根…400g
- 長ねぎ…1本
- しょうが…2かけ
- A オイスターソース…大さじ2
- 　 赤みそ…大さじ2
- 　 醤油…大さじ1
- 　 豆板醤…小さじ½（好みで）
- B 水…50mL
- 　 片栗粉…小さじ2
- 小ねぎ（小口切り）…好みで
- サラダ油…適量

作り方

1. 大根は皮をむき、1.5cmの角切りにする。耐熱容器に入れ、ふわりとラップをして、500Wの電子レンジで8分加熱する。※メモ1
2. 長ねぎは根元を切り落とし、水洗いして水気を切り、しょうがは皮をむき、それぞれみじん切りにする。
3. フライパンに油を熱し、ひき肉、2を入れ、中火で炒める。※メモ2
4. ひき肉に火が通ったら、余分な油をキッチンペーパーでふき取り、1、Aを加え炒め合わせる。
5. ボウルにBを混ぜ合わせる。4の火を弱め、Bを加えてとろみをつける。好みで小ねぎを散らす。

15 揚げ焼き肉団子の甘酢あんかけ

甘酸っぱいたれが絶妙

- 調理 30分
- 費用 635円
- フライパン調理
- お弁当に

\冷凍中/

 →

冷凍と解凍のポイント
冷めたらラップをしいたバットに並べ、上からラップをして凍らせます。凍ったら袋に入れ、空気を抜いて冷凍庫へ。

※表示の調理時間は、肉だねを寝かせる時間を含まない目安の時間です。

材料（保存容器大1個分）

- 豚ひき肉…500g
- 長ねぎ（白い部分）…1本
- A 醤油…小さじ1
  - 中華スープの素…小さじ1
  - しょうがチューブ…4cm
  - 片栗粉…小さじ2
- B トマトケチャップ…大さじ2
  - 醤油…大さじ1.5
  - 砂糖…大さじ1
  - 穀物酢…大さじ1
- いり金ごま…好みで
- サラダ油…大さじ3〜4

作り方

1. 長ねぎは、みじん切りにする。
2. 豚ひき肉はボウルに入れ、粘りが出るまでしっかりとこねる。1、Aを加え、さらによくこねる。ラップをして、冷蔵庫で寝かせる。※メモ1
3. 2を冷蔵庫から出して、丸める。※メモ2 小さめのフライパン（直径20cm目安）に油を入れ、強めの中火に熱し、成形した肉だねを入れる。
4. 菜箸で転がしながら5分ほど揚げ焼きにし、取り出す。※メモ3
5. フライパンの油を捨ててキッチンペーパーなどでふき取り、Bを入れて弱火にかけ、かき混ぜる。砂糖が溶けたら肉団子を戻し入れ、1〜2分煮からめる。好みでいり金ごまをふる。

メモ1：たねは寝かせる
たねは冷蔵庫で30分〜1時間寝かせるとよいです。味がなじみ、成形もしやすくなります。私は前日の夜か当日の朝にたねを作って、寝かせておくことが多いです。

メモ2：肉団子の大きさ
直径4〜5cmで丸めると、レシピの分量で約12個できます。揚げると少し縮むので、心持ち大きめに成形するとよいです。脂分が多いと結構縮むので、できれば赤身が多い豚ひき肉を使うことをおすすめします。

メモ3：揚げ焼き
揚げると肉だねから脂が出てきて、肉だねの半分が油に浸かるくらいになります。少ない油で揚げ焼きにするため、小さめのフライパンを使うことをおすすめします。入れ終わったらすぐに菜箸で転がすようにするときれいに丸く揚がります。

16 野菜たっぷりジュワッとおいしい
キャベツメンチカツ

🕐 調理 30分　¥ 費用 348円　🍳 フライパン調理　🍱 お弁当に

冷凍と解凍のポイント
袋に入れ空気を抜いて冷凍します。解凍するときは、オーブンやトースターで再加熱すると、余分な油が落ちてサクッとした仕上がりになります。レンジから出し食べる直前に市販のソースをつけて。

メモ1：ひき肉について
合びき肉や牛ひき肉でもよいです。豚ひき肉の割合が高いほど、あっさりめのメンチカツになります。

メモ2：肉だね作りのポイント
キャベツがまんべんなく混ざるよう、しっかりこねます。こねたら、冷蔵庫で少なくとも30分〜1時間くらいは寝かせるとよいです。味がなじみ、成形もしやすくなります。

メモ3：成形のポイント
シリコンのへらがあると、分割したり取り出したりが楽にできます。両手で肉だねをキャッチボールするようにして空気を抜いて成形したら、真ん中を少しくぼませます。パン粉をつけたら、崩れないようそっとバットに並べます。

メモ4：揚げ焼きのポイント
直径26cmのフライパンに大さじ4ほどの油をひいています。ほとんど動かさないようにします。裏返すときは、崩れないようフライ返しなどを使うとよいです。両面とも揚げたら、仕上げに側面を転がしながら全体がきつね色になるように揚げ焼きにします。

※表示の調理時間は、肉だねを寝かせる時間を含まない目安の時間です。

材料（保存容器大1個分）

豚ひき肉 ※メモ1
　…300g
キャベツ
　…¼玉（約200g）
塩…小さじ½
A　片栗粉…大さじ1
　　塩…少々
　　粗びき黒こしょう
　　　…少々
　　ナツメグ…少々
B　片栗粉…大さじ1
　　水…大さじ1
パン粉…適量
揚げ油…適量

作り方

1　キャベツは水洗いして水気を切り、みじん切りにする。ボウルにキャベツ、塩を入れ、塩もみして10分ほど置く。ざるに上げ、手でしぼってしっかりと水気を切る。

2　ボウルに豚ひき肉を入れ、粘りが出るまでこねる。1、Aを加え、さらによくこねる。ラップをして、冷蔵庫で30分〜1時間寝かせる。※メモ2

3　ボウルにBを入れてよく混ぜ合わせる。パン粉はバットやトレイに広げる。

4　2を8等分して成形し、B、パン粉を順につける。※メモ3

5　フライパンに多めの油を熱し、中火で片面を3分、裏返してもう片面も5〜6分揚げ焼きにする。金網に上げて油を切る。※メモ4

17 かぼちゃの甘味が味わえる
かぼちゃとレーズンとナッツのサラダ

\冷凍中/ 調理 10分 | 費用 173円 | 電子レンジ調理 | お弁当に

冷凍と解凍のポイント
1食分ずつラップで包み冷凍します。解凍するときは、ラップのままレンジ加熱します。冷凍庫で解凍すれば温めずに食べられます。

材料（保存容器中1個分）
- かぼちゃ…¼個（約350g）
- レーズン…大さじ2
- 好みのナッツ…適量
- A
  - サラダ油など好みの油…大さじ1
  - 塩…小さじ½
  - 砂糖…小さじ1（お好みで）

作り方
1. かぼちゃは小さめの角切りにし※メモ1、耐熱ボウルに入れてラップをして、500Wの電子レンジで5〜6分加熱する。※メモ2
2. 1をマッシャーなどでなめらかになるまでつぶし、Aを加えて混ぜ合わせる。※メモ3
3. 2にレーズン、くだいたナッツを加えて和える。

メモ1：かぼちゃの皮
かぼちゃの皮はお好みですべて取ってしまっても構いません。私は多少入っていたほうが好きなので、皮をところどころ削いでいます。

メモ2：かぼちゃのレンジ加熱
かぼちゃをレンジで加熱する際は、少しすき間があくようにラップをして加熱します。あまり加熱しすぎるとパサついてしまいますので、かぼちゃの量や大きさ、皮のむき加減によって時間を変え、様子を見ながら加熱してくださいね。

メモ3：水分
レンジで加熱するとボウルに水がたまっている場合があるので、ボウルを傾けて軽く水気を切るようにします。つぶしてから、ベチャッとしすぎない程度に好みの油を加えてください。私は米油を使っています。

メモ4：アレンジ
お好みでバルサミコ酢を加えたり、クリームチーズを加えたりして食べるのもおすすめです。

18 少ない調味料で簡単にできる
かぼちゃとさつまあげの煮物

\冷凍中/

調理 30分　費用 374円　鍋調理　お弁当に

冷凍と解凍のポイント
解凍しやすい量で小分け冷凍。解凍するときはお皿に移してレンジ加熱します。冷蔵庫で解凍すれば温めずに食べられます。

材料（保存容器大1個分）
かぼちゃ
　…¼個（約400g）※メモ1
さつまあげ
　…6枚（約120g）
A　水…200mL
　みりん…大さじ2
　白だし…大さじ1.5

作り方
1　かぼちゃは種を取り、一口大に切り、皮をところどころ削ぐ。さつまあげは半分に切る。
2　鍋に1とAを入れ、フタをして火にかける。
3　煮立ったら火を弱め、落としブタをして15分ほど煮る。※メモ2

メモ1：かぼちゃの大きさ
かぼちゃは形を残して冷凍するので、水分の少ない西洋かぼちゃが向いています。かぼちゃの重さは種がある状態のものです。同じ400gでもかぼちゃのサイズによって¼～½個とバラつきがありますので、グラムに合わせて分量を調節してください。

メモ2：煮る時間
煮る時間は目安です。皮に竹串がすっと通るくらいになるまで煮てください。冷凍する場合は煮崩れないように注意して火を通すのがポイントです。

19 れんこんとひじきの山椒炒め煮

山椒の香りがアクセントに

冷凍中

調理 20分 　費用 334円 　フライパン調理 　お弁当に

冷凍と解凍のポイント

1食分ずつラップで包み冷凍します。解凍するときはラップのままレンジ加熱します。冷蔵庫で解凍すれば温めずに食べられます。

メモ1：乾物の戻し方

戻す時間は、商品のパッケージに書いてある説明に従ってください。ひじきは私の好みで芽ひじきを使っていますが、長ひじきでもよいです。

メモ2：れんこんの下ごしらえ

小さめのれんこんなら輪切り、大きめのれんこんならいちょう切りにするなど、食べやすい大きさに切ってください。変色を防ぐため、切ったらすぐに5分ほど水にさらします。炒め煮にするので、酢水にさらす必要はありません。

材料（保存容器中1個分）

- れんこん…小2節（約150g）
- 乾燥芽ひじき…15g
- A
  - みりん…大さじ1.5
  - 酒…大さじ1
  - 醤油…大さじ1
  - 砂糖…大さじ1
  - 粉山椒…適量（好みの量）
- サラダ油…適量

※れんこんは大きさや形にバラつきがあるので、分量はグラム数を参考にしてください。

作り方

1. ひじきは水で戻す。※メモ1　れんこんは2～3mm厚さの半月切りにし、水にさらす。※メモ2
2. フライパンに油を熱し、水気を切ったれんこんを入れ、中火で表面に油がまわるよう炒める。
3. 2に水気を切ったひじきを加え、全体に油がまわるよう炒め合わせる。Aを加えて弱めの中火にし、5分程度煮る。

20 シャキホク食感で箸が止まらない！
蒸し焼きれんこん

\冷凍中/

🕙 調理 **10分**　¥ 費用 **253円**　🍳 フライパン調理　🍱 お弁当に

冷凍と解凍のポイント
袋に入れ空気を抜いて重ならないようにして冷凍します。解凍するときは、食べる分だけお皿に移してレンジ加熱します。

材料（保存容器中1個分）

れんこん…2節（約250g）
A　醤油…小さじ1
　　ごま油…小さじ1
　　塩…少々
　　粗びき黒こしょう…少々
水…100mL

※れんこんは大きさや形にバラつきがあるので、分量はグラム数を参考にしてください。

作り方

1　れんこんは皮をむき、1cm厚さの半月切りにする。※メモ1
2　フライパンに1と水を入れ、フタをして弱火で8分ほど蒸す。※メモ2
3　2をざるに上げて水気を切る。※メモ3
4　フライパンに3とAを入れ、弱火で全体に味がいきわたるよう炒め合わせる。

メモ1：れんこんの下ごしらえ
小さめのれんこんなら輪切り、大きめのれんこんならいちょう切りにするなど、食べやすい大きさに切ってください。切ってからすぐに調理しますし、炒めるときに調味料の色がつくので、水にはさらしません。

メモ2：フライパン蒸し
れんこんは焦げやすいので、ときどきフライパンをゆするとよいです。蒸す時間は目安です。じゅうぶん火が通るまで蒸してください。途中で水がなくなりそうになったら足してください。

メモ3：手順3は飛ばしても
れんこんに火が通っていて、フライパンの水もほとんど蒸発して水気がなければ、手順3は飛ばしてもよいです。

21 定番おかずをおいしくアレンジ
カレーきんぴらごぼう

\冷凍中/ 調理 15分 | 費用 134円 | フライパン調理 | お弁当に

冷凍と解凍のポイント
1食分ずつラップで包み冷凍します。解凍するときはラップのままレンジ加熱します。冷蔵庫で解凍すれば温めずに食べられます。

材料（保存容器大 1個分）
ごぼう…細2本（約200g）
※メモ1
にんじん…小1本（約100g）
A　酒…大さじ1
　　みりん…大さじ2
B　醤油…小さじ2
　　カレー粉…小さじ2
みりん…大さじ1
いり金ごま…小さじ1
サラダ油…適量

作り方
1 ごぼう、にんじんは皮をむき細切りにする。ごぼうは水にさらしてアク抜きをする。※メモ2
2 フライパンに油を熱し、中火で1を炒める。
3 2にAを加えて炒め合わせる。
4 3の汁気が飛んだらBを加えて炒め合わせる。火を弱め、みりんを入れて全体に照りを出し、いり金ごまをふる。汁気を飛ばす。

メモ1：ごぼうの太さ
ごぼうは細いものが好きで、よく使います。1本90〜100g程度のものを使用しています。

メモ2：ごぼうの下ごしらえ
泥つきごぼうは、手でこすって土をしっかり洗い落とします。皮に香りやうまみがあるので、包丁の背でこするようにして薄くむきます。アルミホイルでこすってもよいです。水にさらす時間の目安は5〜10分です。お好みですがアク抜きはしなくてもよいです。

22 さつまいもの甘味とツナのうまみがマッチ
さつまいものツナ和え

\冷凍中/　🕐 調理 **20分**　¥ 費用 **215円**　🍳 鍋調理　🍱 お弁当に

冷凍と解凍のポイント
袋に入れ空気を抜いて平らにして冷凍します。解凍するときは必要な分だけ割り、お皿に移してレンジ加熱します。

材料（保存容器大1個分）
さつまいも
　…大1本（約350g）
A　ツナ缶（油漬けタイプ）
　　…1缶
　　醤油…大さじ½
　　砂糖…小さじ1
塩…好みで

作り方
1　さつまいもはよく洗って両端を切り落とし、1～2cm幅のいちょう切りにし、3分ほど水にさらしてアクを抜く。※メモ1

2　片手鍋に1とひたひたの水を入れ、フタをして中火にかける。煮立ったら弱火にし、竹串がすっと通るくらいのやわらかさになるまでゆでる。

3　2をざるに上げて水気を切る。※メモ2 鍋の湯は捨てる。

4　3を鍋に戻し、Aを加えてよく和える。※メモ3 好みで塩で味をととのえる。

メモ1：さつまいもの下ごしらえ
アク抜きをすることで、できあがりの色味がよくなります。皮はむいてもむかなくても、どちらでもよいです。

メモ2：水気は切りすぎない
ゆでたさつまいもは、少し水気が残るくらいの感覚でさっと水気を切ると、パサつかずにおいしく仕上がります。

メモ3：和えるときのポイント
ツナ缶の油も一緒に入れます。油にもうまみがあり、さつまいものパサつきも防いでくれます。目安ですが1.5cm角より大きいものはつぶして和えたほうが、解凍後の食感がよくなります。また、つぶして和えると、ツナとよくからんでおいしいです。

メモ4：食べるとき
電子レンジで温め直すときは、ラップをしてください。ラップをしないと、表面の水分が飛んで少しパサつきます。

23 どこか懐かしい親しみのある味
さつまいもとソーセージのめんつゆ煮

\冷凍中/

- 調理 15分
- 費用 209円
- フライパン調理
- お弁当に

冷凍と解凍のポイント
袋に入れ空気を抜いて平らにして冷凍します。解凍するときは必要な分だけ割り、お皿に移してレンジ加熱します。

材料（保存容器中1個分）
- さつまいも…1本（約200g）
- ソーセージ…1袋（6本）
- A めんつゆ ※メモ1
   …大さじ1
   みりん…大さじ1
   水…50mL

作り方
1. さつまいもはよく洗って両端を切り落とし、1.5cm角に切る。3分ほど水にさらし、ざるに上げて水気を切る。※メモ2
2. ソーセージは1.5cm幅に切る。
3. 小さめのフライパン、または片手鍋に1、2、Aを入れてフタをし、強火にかける。
4. 煮立ったら弱火にし、8分ほど煮る。※メモ3

メモ1：めんつゆについて
めんつゆは3倍濃縮のものを使っています。お使いのめんつゆの濃さに合わせて、分量は調整してください。

メモ2：さつまいもの下ごしらえ
ソーセージと大きさや形がそろうように角切りにしています。水にさらしてアク抜きをすることで、できあがりの色味や食感がよくなります。皮はむいてもむかなくても、どちらでもよいです。

メモ3：煮る時間
8分は目安です。煮汁がほぼなくなるくらいまで煮てください。

24 さっと煮た甘辛い油揚げがじゅわっとおいしい
油揚げ入りにんじんしりしり

\冷凍中/　調理 **10分**　費用 **96円**　フライパン調理　お弁当に

冷凍と解凍のポイント
袋に入れ空気を抜いて平らにして冷凍します。解凍するときは必要な分だけ割り、お皿に移してレンジ加熱します。

材料（保存容器中1個分）

にんじん…1本（約150g）
油揚げ…1枚
卵…1個
A　みりん…大さじ2
　　醤油…大さじ1

作り方

1 油揚げは熱湯をかけて油抜きをして、キッチンペーパーで軽くおさえて水気をふき取り、細切りにする。にんじんは皮をむき、なるべく細いせん切りにする。卵はボウルで溶きほぐす。※メモ1

2 フライパンに油揚げとAを入れ、ふたをして1～2分、中～弱火で煮る。

3 2ににんじんを入れ、中火でにんじんをくたっとなるくらいまで炒める。

4 3に溶き卵を入れ、手早く炒め合わせる。※メモ2

メモ1：食材の下ごしらえ
油揚げは油抜きすることで、味がしみ込みやすくなります。両面に熱湯をまわしかけたら、キッチンペーパーで上下をはさみ、油分と水分を取ります。にんじんはスライサーやしりしり器を使えば、早くラクにせん切りができます。しりしり器だとふわっとした食感になるので、特におすすめです。

メモ2：卵を入れたら手早く炒める
卵をフライパンに入れたら、菜箸で卵を切るように手早く炒めます。焦げつきそうなときは火力を弱めてください。

25 おかずにもおつまみにも箸が進む
きのこのねぎ塩炒め

\冷凍中/

調理 **10分** | 費用 **215円** | フライパン調理 | お弁当に

冷凍と解凍のポイント

1食分ずつラップで包み冷凍します。解凍するときはラップのままレンジ加熱します。冷蔵庫で解凍すれば温めずに食べられます。

メモ1：中華スープの素
中華スープの素は商品によって塩気が異なるので、お使いのものに合わせて分量を調整してください。

メモ2：蒸し焼きにする
蒸し焼きにすることで早く火が通ります。焦げつきそうなときは火力を弱めてください。

メモ3：ムラなく炒め合わせる
中華スープの素がムラなく全体にいきわたるよう炒め合わせます。なお、練りタイプの中華スープの素はフライパンの中で溶かしてやると、だまにならず炒め合わせやすくなります。

材料（保存容器中1個分）

- エリンギ …1パック（約100g）
- しめじ…½パック（約90g）
- 小ねぎ…¼束
- A　中華スープの素 ※メモ1 …小さじ1
  - 醤油…小さじ½
  - ごま油…少々
- サラダ油…適量

作り方

1. エリンギは横半分に切り、薄切りにする。しめじは石づきを切り落とし、手でほぐす。小ねぎは根元を切り落とし、小口切りにする。
2. フライパンに油を熱し、エリンギ、しめじを入れ、弱めの中火で全体に油がまわるよう炒める。
3. フタをして1〜2分蒸し焼きにする。※メモ2
4. かさが減ってきたらフタを取り、小ねぎ、Aを加え、全体に味がいきわたるよう炒め合わせる。※メモ3

26 のり巻きチーズじゃがいももち

子どもも喜ぶ、やさしくてシンプルな味わい

\冷凍中/

調理 **15分** ｜ 費用 **356円** ｜ 電子レンジ調理 ｜ フライパン調理 ｜ お弁当に

冷凍と解凍のポイント
袋に入れ空気を抜いて冷凍します。解凍するときは、オーブンやトースターで再加熱することをおすすめします。

メモ1：チーズ
66gと細かいですが、ここでは切れているタイプのチーズを8枚使いました。1枚を半分に折って2枚重ねにして使っています。

メモ2：食べるとき
食べるときはオーブンやトースターで焼くと表面が焼けておいしいです。温めるときにお好みで醤油を少々たらしてもよいです。加熱直後はとても熱いのでやけどにご注意ください。

材料（保存容器大1個分）
- じゃがいも…300g
- プロセスチーズ…8切れ（約66g）※メモ1
- のり（全形の⅓）…4枚
- A 片栗粉…大さじ3
   牛乳…大さじ2
   塩…小さじ½
- サラダ油…適量

作り方
1. じゃがいもはよく洗ってラップに包み、500Wの電子レンジで8〜10分加熱する。のりは半分に折り、折り目で切る。
2. じゃがいものラップを取り、キッチンペーパーなどで包んで皮をむき、芽を取り除く。
3. ボウルに2を入れてフォークなどでつぶし、Aを加え、よく混ぜ合わせる。
4. 3を8等分にし、チーズを包んで円形にし、のりではさむ。
5. フライパンに油を熱し、4を並べて中火で2〜3分表面がきつね色になるまで焼く。

27 かぼちゃとベーコンのキッシュ風

サクッとした食感がおいしい

\冷凍中/

- 調理 30分
- 費用 288円
- オーブン調理
- お弁当に

冷凍と解凍のポイント
適当な大きさに切り分けてラップで包み、袋に入れて空気を抜いて冷凍します。解凍するときはラップのままレンジ加熱します。

材料（保存容器大1個分）

- かぼちゃ…¼個（約350g）
- ハーフベーコン…8枚
- 卵…2個
- A 小麦粉…大さじ4
　　マヨネーズ…大さじ2
　　白だし…大さじ1.5
- ミックスチーズ…適量

作り方

1. オーブンは200度に予熱する。かぼちゃはスプーンなどで種を取り除き、皮をところどころ削ぐようにむき、5mm幅の薄切りにする。※メモ1
2. ボウルに卵を割り入れ、よく溶きほぐす。Aを加えてよく混ぜ合わせる。※メモ2
3. 耐熱容器にクッキングシートをしき、かぼちゃとベーコンとを交互に重ね入れ、2を流し入れる。表面を平らにし、ミックスチーズをのせ、200度のオーブンで20〜25分焼く。
4. 粗熱が取れたら、食べやすい大きさに切り分ける。※メモ3

メモ1：かぼちゃの下ごしらえ
火の通りをよくするため、皮をところどころむきます。食感や見た目がよくなるよう、同じくらいの薄さ、大きさにそろえて切ります。

メモ2：卵液はよく混ぜ合わせる
小麦粉がだまにならないよう、卵液はよく混ぜ合わせます。ミニ泡立て器を使うか、菜箸の場合は切るようにして。

メモ3：切り分けるのは冷めてから
冷めてからのほうが、崩れずきれいに切り分けられます。切り方はお好みで。

28 身近な材料でできる素朴な味
ポテトマッシュキッシュ

冷凍中

調理 **50分** ／ 費用 **253円** ／ オーブン調理 ／ 電子レンジ調理 ／ お弁当に

冷凍と解凍のポイント
適当な大きさに切り分けてラップで包み、袋に入れて空気を抜いて冷凍。解凍するときはラップを外してオーブンやトースターで。生地部分がサクッとします。

材料（直径22cmのパイ皿1皿分）

（パイ生地）
A｜薄力粉…120g
　｜サラダ油…30g
　｜牛乳…50g
　｜塩…3g

（具材）
じゃがいも…2個（約300g）
ハーフベーコン※メモ1…4枚
ミニトマト…5個
B｜卵…2個
　｜牛乳…⅔カップ
　｜顆粒コンソメ…小さじ1
ミックスチーズ…適量

作り方

1. オーブンは220度に予熱する。
2. パイ皿の内側に少量の油（分量外）をまんべんなく塗る。ボウルにAを入れ、フォークなどで混ぜる。ひとまとまりになったら薄くのばす。パイ皿にしき、冷蔵庫で冷やす。※メモ2
3. じゃがいもは皮をむいて芽を取り、1〜2cmの角切りにし、水にさらす。ベーコンは1cm幅の細切りにする。ミニトマトはへたを取り、縦半分に切る。
4. じゃがいもの水気を切り、耐熱容器に入れる。ふわりとラップをして、500Wの電子レンジで6分加熱する。
5. ボウルに4を入れてつぶし、Bを加えてよくかき混ぜる。
6. 5にベーコンを加えて軽くかき混ぜ、冷蔵庫から出したパイ皿に流し入れる。※メモ3 ミニトマトの断面を上にしてのせ、表面を平らにし、チーズをのせる。
7. 220度のオーブンで20〜25分焼く。※メモ4

メモ1：具材のアレンジ
ベーコンのかわりにハムやソーセージを使ってもよいです。

メモ2：生地のポイント
めん棒のほうが均一の厚さになりますが、私はめんどうなので手でのばしています。パイ皿にしいたら、生地がダレないよう、焼くまで冷蔵庫で冷やします。

メモ3：具材のポイント
具材をボウルに入れるときは、まず先に卵だけ入れて軽く溶きほぐします。これは全体がまんべんなく混ざるようにするためです。パイ皿に具材を流し入れたら、ミニトマトを適当に散らします。

メモ4：焼くときのポイント
途中で様子を見て、表面が焦げそうなときは温度を下げるか、アルミホイルをかぶせてください。

29 チリビーンズソーセージ

クセになるチリビーンズはパンとも相性◎

調理 15分　費用 383円　フライパン調理　お弁当に

冷凍と解凍のポイント

解凍しやすい量で小分けにして袋に入れ、空気を抜いて平らにして冷凍します。解凍するときはお皿に移してレンジ加熱します。

材料（保存容器中1個分）

- ソーセージ…6本（85g）
- ミックスビーンズ…1袋（約125g）
- たまねぎ…1個
- トマト…1個
- にんにく…1かけ
- A
  - トマトケチャップ…大さじ2
  - 顆粒コンソメ…小さじ1
  - チリパウダー※メモ1…小さじ½

作り方

1. ソーセージは1cm幅の斜め切りにする。ミックスビーンズはざるに上げて水気を切る。
2. たまねぎは、薄切りにする。トマトはへたを取り、角切りにする。にんにくは、みじん切りにする。
3. フライパンに材料をすべて入れ、軽く全体をかき混ぜる。フタをして、弱～中火で5分ほど煮る。
4. フタを取り、トマトをつぶしながらかき混ぜ、水分がほどよく飛ぶまで煮込む。※メモ2

メモ1：チリパウダーについて

お好みの辛さに合わせて分量を調整してください。小さじ½でほんのり辛さを感じるくらいです。チリソースや豆板醤などを使ってもよいです。

メモ2：煮込み具合

フライパンの底にとろっとした煮汁が少し残るくらいまで煮込みます。

30 やさしい味がしみ込んだ定番副菜
基本のひじきの煮物

調理 **30分**　費用 **156円**　片手鍋調理

冷凍と解凍のポイント
小分けにして、空気を抜いて冷凍します。解凍するときはラップのままレンジ加熱します。冷蔵庫で解凍すれば温めずに食べられます。

材料（保存容器中1個分）
- 乾燥芽ひじき…15g
- にんじん…小1本（約100g）
- 油揚げ…1枚
- A　水…100mL
  - みりん…大さじ2
  - 酒…大さじ1
  - 砂糖…大さじ1
- 醤油…大さじ2

作り方
1. ひじきは水で戻す。にんじんは皮をむき、せん切りにする。油揚げは熱湯をかけて油抜きをし、キッチンペーパーで軽くおさえて水気をふき取り、細切りにする。※メモ1
2. 鍋ににんじん、油揚げ、水気を切ったひじき、Aを順に入れ、落としブタをして中火にかける。※メモ2
3. 煮立ったら弱火にし、10分ほど煮る。
4. 落としブタを取り、醤油を加えて全体をかき混ぜる。再び落としブタをし、5分ほど煮る。※メモ3

メモ1：食材の下ごしらえ
油揚げは油抜きをすることで、味がしみ込みやすくなります。両面に熱湯をまわしかけたら、キッチンペーパーで上下をはさみ、油分と水分を取ります。にんじんはスライサーやしりしり器を使えば、早くラクにせん切りができます。しりしり器だとふわっとした食感になるので、特におすすめです。

メモ2：煮るときのポイント
火が通りにくいにんじんを下にし、次に味をよくしみ込ませたい油揚げを入れます。少ない煮汁でも味がいきわたるよう、落としブタをして煮ます。

メモ3：仕上げのポイント
醤油を入れたら、全体をかき混ぜて味をなじませます。そのあと5分を目安に、煮汁が鍋底に少し残るくらいまで煮ます。

コラム1

冷凍しておくと便利な食材

わが家の冷凍庫に入っていることが多い食材です。
余った食材があったら、キッチンに立ったついでにちょっとだけ手を加えて
冷凍庫に入れておくと、すぐに使えてとても便利です。

油揚げ

油抜きをし、みそ汁などに使いやすい大きさに切って、冷凍用ポリ袋に入れています。

小ねぎ

小口切りにした小ねぎは、冷凍可能なホーロー容器に入れています。

ちりめんじゃこ / しらす

冷凍用ポリ袋に移し替えて冷凍します。できるだけ平らにしておくと使いやすいです。

たらこ / 辛子明太子

食べやすいサイズに切って、ラップなどで包んでから冷凍用ポリ袋へ。

ソーセージ / ベーコン / ハム

袋から出しできるだけバラバラにして凍らせると、少しだけ使いたいときにも重宝。

干物

1枚ずつラップで包み、冷凍用ポリ袋に入れています。購入時のラベルも一緒に入れます。

パン

2〜3枚ずつ冷凍用ポリ袋に入れます。食べるときは凍ったままトーストします。

甘塩鮭

1切れずつラップで包んで袋に入れます。食べるときは凍ったまま焼いています。

さつまあげ

煮物などに使いやすい大きさに切って、袋に入れます。

CHAPTER
02
Frozen ingredients

＼瞬間調理が可能／

下ごしらえ済み
冷凍食材

PART 1　肉と魚の下ごしらえをしておく
PART 2　野菜を切る、火を通す
PART 3　カット野菜セット、食材ミックス
　　　　セットを作る

下ごしらえを終えて冷凍しておく"おかずの素"。余裕のあるときに作っておくと、いざというときにとても便利です。肉や魚のメインおかずから、自分流のミックス野菜の作り方までご紹介します。

CHAPTER 02 / PART 01

＼あとは火を通すだけ／
肉と魚の下ごしらえをしておく

最低限の下ごしらえと味つけだけした肉や魚を凍らせるので、おかずを作って凍らせるよりも簡単です。メインおかずは作りたてのものが食べたいという方や、急なお客様が来たときなどにも役立ちます。

漬け込んで冷凍

冷凍保存用ポリ袋でたれや漬け床を作ります。その中に肉や魚を入れ、よくなじませて冷凍庫へ。作るときも食べるときも、かかる手間と時間が最小限。

食べやすいサイズでパックになっている肉や切り身の魚を使えば、まな板や包丁いらずで使用する調理器具も少なくて済みます。

途中まで作って冷凍

火を通す前の状態で冷凍しておきます。食べる直前に焼いたり揚げたりすればできたてが食べられます。

ハンバーグやチキンナゲットなど成形するおかずは、いったんバットで凍らせてから、冷凍保存用ポリ袋に入れてストックすると使い勝手がよいです。

調理するときは……

本書では、凍ったまま調理する方法を紹介していますが、漬け込んでおくものは時間があれば解凍して調理してもよいです。

- 凍ったまま調理のメリット　　思いたったときにすぐ調理できる
- 解凍してから調理のメリット　焼き時間が短くなる / いつも通りの火加減で失敗しにくい

私の場合、仕上がりは、自然解凍のほうが好きなので、今日はこれを食べると決めているときは冷蔵庫に移して解凍してから調理しています。
無計画の日もありますので、そのときは凍ったまま調理します。

point 凍ったまま火にかけるおかずは、基本的にいつもの火加減よりも弱め長めに調理することで失敗しにくくなります。

チキンのマヨカレーグリル

カレー風味が食欲をそそる

冷凍中 | 冷凍前 10分 / 調理 10分 | 費用 463円 | フライパン調理 | お弁当に

冷凍と解凍のポイント

1食分ずつ袋に入れ、空気を抜いて平らにして冷凍します。食べるときは凍ったまま、または冷蔵庫で解凍してフライパンで焼きます。

材料（冷凍用ポリ袋中2枚分）

鶏むね肉…約400g
たまねぎ…¼個（約80g）
砂糖…大さじ½
塩…小さじ½
A　マヨネーズ…大さじ4
　　カレールウ※メモ1
　　　…大さじ3
　　酒…大さじ1
　　顆粒コンソメ…小さじ1
サラダ油…適量

作り方

冷凍前

1. 鶏肉は余分な脂を取り除き、フォークなどで数カ所穴をあけて一口大に切り、砂糖、塩を順にふってよくもみ込む。※メモ2　たまねぎは薄切りにする。
2. ポリ袋にAを入れて混ぜ合わせ、1を加えてよくもみ込む。※メモ3
3. 冷凍保存用ポリ袋に移して平らにならし、空気を抜いてポリ袋の口を閉じ、冷凍する。※メモ4

調理

1. フライパンに油を熱し、凍った鶏肉を袋から取り出し、フライパンに入れる。ほぐしながら弱めの中火で7〜8分炒める。

メモ1：カレールウ

わが家ではカレールウはフレークタイプを使っています。溶けやすくて便利です。固形タイプのものを使う場合は、包丁などで薄く切るようにすると使いやすくなります。

メモ2：鶏肉の下ごしらえ

砂糖と塩をもみ込むことで、保水効果により鶏むね肉がやわらかく仕上がります。砂糖と塩はどちらも、つやが出るまでしっかりもみ込みます。

メモ3：漬けるときのポイント

カレールウは混ざりにくいので、袋の上から手でもんで、なるべく溶かします。

メモ4：小分けにする

1回の調理で使う分を小分けにしてポリ袋に入れ、冷凍保存します。

鶏肉のねぎ塩漬け

香味野菜でごはんが進む

\冷凍中/　冷凍前 10分／調理 10分　費用 545円　フライパン調理　お弁当に

冷凍と解凍のポイント

1食分ずつ袋に入れ、空気を抜いて平らにして冷凍します。食べるときは凍ったまま、または冷蔵庫で解凍してフライパンで焼きます。

材料（冷凍用ポリ袋中2枚分）

- 鶏もも肉…400g
- 長ねぎ…1本（約90g）
- にんにく…1かけ（好みで）
- A　酒…大さじ2
　　レモン汁…大さじ½
　　中華スープの素※メモ1
　　　…小さじ1.5
　　醤油…小さじ1
- サラダ油…適量

作り方

冷凍前

1. 鶏肉は余分な脂を取り除き、フォークなどで数カ所穴をあけ、一口大に切る。長ねぎ、にんにくはみじん切りにする。
2. ポリ袋にAを入れて混ぜ合わせ、1を加えてよくもみ込む。※メモ2
3. 冷凍用のポリ袋に移して平らにならし、空気を抜いて袋の口を閉じ、冷凍する。

調理

1. フライパンに油を熱し、袋から取り出し、凍ったままフライパンに入れる。ほぐしながら弱めの中火で7～8分炒める。

メモ1：中華スープの素

中華スープの素は商品によって塩気が異なるので、お使いのものに合わせて分量を調整してください。

メモ2：漬けるときのポイント

中華スープの素は溶けづらいので、味にムラが出ないよう、鶏肉を入れる前に袋の上からよくもみ込んで溶かします。

チキンの粒マスタード漬け
マスタードのコクとたまねぎの甘味がマッチ

\冷凍中/

冷凍前 **10分** / 調理 **10分**　費用 **432円**　フライパン調理　お弁当に

冷凍と解凍のポイント
1食分ずつ袋に入れ、空気を抜いて平らにして冷凍します。食べるときは凍ったまま、または冷蔵庫で解凍してフライパンで焼きます。

メモ1：火加減に注意
火加減が強いと粒マスタードが飛ぶので、火加減に注意しながら焼いてください。

材料（冷凍用ポリ袋中2枚分）
鶏もも肉…400g
たまねぎ…¼個（約80g）
A　みりん…大さじ2
　　醤油…大さじ1
　　粒マスタード…小さじ2
サラダ油…適量

作り方

冷凍前
1. 鶏肉は余分な脂を取り除き、フォークなどで数カ所穴をあけ、一口大に切る。たまねぎは薄切りにする。
2. ポリ袋にAを入れて混ぜ合わせ、1を加えてよくもみ込む。
3. 冷凍用のポリ袋に移して平らにならし、空気を抜いて袋の口を閉じ、冷凍する。

調理
1. フライパンに油を熱し、袋から取り出し、凍ったままフライパンに入れる。ほぐしながら弱めの中火で7～8分炒める。※メモ1

焼き鳥

ビールのおとものにもぴったり

冷凍中

冷凍前 10分 / 調理 10分 / 費用 298円 / フライパン調理 / お弁当に

冷凍と解凍のポイント

なるべく肉が調味料に漬かるように冷凍保存用ポリ袋に入れて冷凍します。食べるときは凍ったままフライパンで焼くほか、オーブンやグリルで焼いても。

材料（冷凍用ポリ袋中1枚分）

鶏もも肉…300g
A ┃ 塩…少々
　┃ 粗びき黒こしょう
　┃ 　…少々
B ┃ 酒…大さじ1
　┃ みりん…大さじ1
　┃ 醤油…大さじ1
　┃ 砂糖…大さじ1
サラダ油…適量

作り方

冷凍前

1 鶏肉は余分な脂を取り除き、フォークなどで数カ所穴をあけ、2cm角程度に切る。
2 1を竹串※メモ1に8等分に分けてさす。さし終わりの鶏肉は串が突き出ないようにする。Aをふる。
3 冷凍保存用ポリ袋にBを入れて混ぜ合わせ、2を加えてからめる。
4 空気を抜いて袋の口を閉じ、冷凍する。※メモ2

調理

1 フライパンに油を熱し、ポリ袋から取り出し、凍ったままフライパンに入れる。弱めの中火で表面が焼けたら裏返してフタをし、弱〜中火で6〜7分蒸し焼きにする。※メモ3
2 フタを取り、火を強めてたれを煮詰める。

メモ1：竹串の長さ
竹串は12cm長さのものを使っています。

メモ2：小分けにしても
くっついて凍ると1本ずつ取り出せなくなるので、少量を焼きたい場合はあらかじめ袋を分けて冷凍してください。

メモ3：途中ではがす
肉が凍ってくっついている場合は、途中ではがしながら焼きます。オーブンやグリルで焼く場合も同じです。

手羽先のオーブン焼き

黒こしょうが香るやわらか手羽先

冷凍中

冷凍前 調理
10分 / 30分

費用
444円

オーブン調理

冷凍と解凍のポイント

冷凍保存用ポリ袋で漬け込み、空気を抜いて平らにして冷凍します。食べるときは凍ったままオーブンで焼きます。

材料（冷凍用ポリ袋中1枚分）

鶏手羽先…10本
A　酒…大さじ3
　　醤油…大さじ2
　　砂糖…大さじ1
　　しょうがチューブ…3cm
　　にんにくチューブ…3cm
　　粗びき黒こしょう※メモ1
　　　…適量

作り方

冷凍前

1. 手羽先はフォークなどで数カ所穴をあける。
2. 冷凍保存用ポリ袋にAを入れて混ぜ合わせたら手羽先を入れ、まんべんなくもみ込む。※メモ2
3. 手羽先がなるべく重ならないようにして、空気を抜いて袋の口を閉じ、冷凍する。※メモ3

調理

1. オーブンを220度に予熱する。
2. 天板にクッキングシートをしき、凍ったままの手羽先を皮目を下にして並べる。
3. オーブンで10分ほど焼く。皮目を上にして並べなおし、好みで粗びき黒こしょうをふる。続けて10分ほど焼く。

メモ1：粗びき黒こしょう

お好みでたっぷりと入れてください。よりスパイシーに仕上げたい方は、焼く前に追加で粗びき黒こしょうをかけるとよいです。

メモ2：調味液をいきわたらせる

調味液に手羽先がよく漬かるように、何回か上下を逆にするとよいです。

メモ3：小分けにしても

くっついて凍ると1本ずつ取り出せないので、少量を焼きたい場合はあらかじめ袋を分けて冷凍してください。

チキンナゲット

さくふわ食感、みんなが大好きな味

冷凍前 調理
10分 / 10分　費用 428円　フライパン調理　お弁当に

冷凍前　冷凍中
  →

冷凍と解凍のポイント

バットに並べてラップをかけ、いったん冷凍庫で凍らせます。袋に移して空気を抜いて保存。食べるときは凍ったままフライパンで揚げ焼きに。

メモ1：小さく切る

あらかじめ小さく切ったほうが食感がそろいやすくなります。

メモ2：バットの大きさ

肉だねが広がりやすいので、バットはできるだけ大きいものを使ってください。

メモ3：凍ったまま調理

肉だねがやわらかいので、解凍せずに揚げてください。

材料（冷凍用ポリ袋中1枚分）

鶏むね肉…400g
A　卵…1個
　　マヨネーズ…大さじ1
　　砂糖…大さじ1
　　醤油…小さじ1
　　顆粒コンソメ…小さじ1
　　塩…小さじ½
小麦粉…大さじ3
トマトケチャップ…好みで
揚げ油…適量

作り方

冷凍前

1. 鶏肉は皮と肉に分け、余分な脂を取り除く。皮は細かく切り、肉は1cmほどの角切りにし、包丁でたたく。※メモ1

2. ボウルに1とAを入れ、よく混ぜ合わせる。小麦粉を加え、さらに混ぜる。

3. ラップをしいたバットにスプーンを使って3〜4cmの円形に落とす。※メモ2 いったん凍らせてから袋に入れ冷凍する。

調理

1. フライパンに多めの油を熱し、凍った肉だねを入れる。弱めの中火〜中火で3分ほど片面を揚げ焼きにする。※メモ3

2. 裏返して3〜4分揚げ焼きにする。金網に上げ余分な油を切る。好みでケチャップをつける。

豚ロースの西京漬け

白みそが香るちょっと贅沢なおかず

\冷凍中/

冷凍前 調理　**5分／10分**　費用 **448円**　フライパン調理　お弁当に

冷凍と解凍のポイント

冷凍保存用ポリ袋で漬け込み、空気を抜いて平らにして冷凍します。食べるときは凍ったままフライパンで焼きます。

材料（冷凍用ポリ袋中1枚分）

豚ロース肉※メモ1…400g
塩…少々
A　白みそ…大さじ4
　　酒…大さじ2
　　醤油…小さじ2
　　砂糖…小さじ2
サラダ油…適量

作り方

冷凍前

1　豚肉はフォークなどで数カ所穴をあけ、※メモ2 適当な大きさに切り、表面に塩をふる。

2　冷凍保存用ポリ袋にAと1を入れてもみ、豚肉に味をいきわたらせる。

3　空気を抜いて袋の口を閉じ、冷凍する。※メモ3

調理

1　フライパンに油を熱し、凍った豚肉を入れる。弱めの中火で2分焼く。

2　裏返し、フタをして弱火で6分ほど蒸し焼きにする。

メモ1：豚肉の種類

豚ロースのとんカツ用くらいの厚さの肉を使用しています。食べごたえがあるように厚めのものを使用していますが、お好みのものをご使用ください。分厚めのものは凍ったまま調理すると時間がかかりますので、冷蔵庫で解凍してからの調理をおすすめします。

メモ2：豚肉の下ごしらえ

豚肉を調理する場合、肉筋切り器を使用して数カ所穴をあけ、やわらかくなるようにしています。フォークでもできますが、ひとつあると便利な調理器具です。厚めのロース肉の場合は、脂身と赤身の間に特に多めにさすようにしています。

メモ3：肉どうしを離す

肉と肉の間を少し離すようにして凍らせると、使う分だけ取り出しやすくなります。

豚肉の梅醤油漬け

こってり甘辛味でごはんが止まらない

\冷凍中/ 冷凍前 調理 5分/10分 費用 324円 フライパン調理 お弁当に

冷凍と解凍のポイント
冷凍保存用ポリ袋で漬け込み、空気を抜いて平らにして冷凍します。食べるときは凍ったままフライパンで焼きます。

材料（冷凍用ポリ袋中1枚分）

豚ロースしょうが焼き用肉
　※メモ1…300g
梅干し（塩分8％）
　…大2粒 ※メモ2
A みりん…大さじ2
　 醤油…大さじ1.5
　 酒…大さじ1
サラダ油…適量

作り方

冷凍前

1　豚肉はフォークなどで数カ所穴をあけ、適当な大きさに切る。梅干しは種を取り、包丁やスプーンでたたいてペースト状にする。

2　冷凍保存用ポリ袋にAと梅ペーストを入れて混ぜ合わせ、豚肉を加えてからめる。

3　空気を抜いて袋の口を閉じ、冷凍する。

調理

1　フライパンに油を熱し、袋から取り出し、凍ったままフライパンに入れる。

2　弱めの中火で6〜7分、途中でほぐしながら炒める。

メモ1：豚肉の種類
お好みの豚肉を使用してください。わが家では脂身が少なめで分厚すぎない、しょうが焼き用の豚肉を使用しています。

メモ2：梅干しの種類
梅干しは、はちみつ漬けの塩分濃度8％の大粒を使っています。梅干しの味や大きさ、塩分濃度によって、味の印象や塩気が変わります。

豚肉と青じそのくるくる巻き

青じそがさっぱりアクセントに

冷凍前 調理	費用	フライパン調理	お弁当に
5分／10分	422円		

\冷凍中/

冷凍と解凍のポイント

冷凍保存用ポリ袋に入れ空気を抜いて冷凍。食べる分だけ取り出す場合はメモ3参照。食べるときは凍ったままフライパンやオーブン、グリルで焼いて。

材料
（冷凍用ポリ袋中1枚分）

豚ロース薄切り肉
※メモ1
　…250g（約12枚）
青じそ…20枚
A　塩…少々
　　粗びき黒こしょう
　　　…少々
わさび、
ゆずこしょう、
梅ペーストなど
　…好みで
サラダ油…適量

作り方

冷凍前

1　青じそは水洗いして水気をふき取り、軸の部分を切り落とす。
2　豚肉を少し重ねるようにして並べ、上に青じそを置く。端からくるくると巻き、Aをふる。スペースがない場合は半量ずつ広げるとよい。
3　2を1cm幅に切り、断面が見えるよう、竹串に6〜7等分に分けてさす。※メモ2
4　冷凍保存用ポリ袋に3を入れて、空気を抜いてポリ袋の口を閉じ、冷凍する。※メモ3

調理

1　フライパンに油を熱し、袋から取り出し、凍ったままフライパンに入れる。弱めの中火にし、表面が焼けたら裏返して、水50mL（分量外）を加えてフタをし、弱〜中火で3〜4分蒸し焼きにする。
2　フタを取り、両面をこんがりと焼く。好みでわさびやゆずこしょう、梅ペーストなどをつける。

メモ1：豚肉の種類
豚バラ肉や豚肩ロース肉など、違う部位で作ってもよいです。できれば、きれいにスライスされていて巻きやすそうな豚肉をお買い求めください。豚こま切れ肉だときれいに巻きづらいです。

メモ2：串にさすときのポイント
巻いた豚肉が崩れないよう、包丁の刃を小きざみに動かしながら切ります。輪切りにし、大きいものと小さいものをミックスしてさすとバランスよく仕上がります。

メモ3：冷凍の注意
竹串にさしたら、豚肉どうしがくっつかないよう1本ずつラップで包み、冷凍保存用ポリ袋に入れて空気を抜いて凍らせると、食べたい分だけ取り出せます。バットにのせて凍らせてから、冷凍保存用ポリ袋に入れてもよいです。

チーズとんカツ

チーズが入ったリッチなカツ

冷凍前 10分 / 調理 10分　費用 336円　フライパン調理　お弁当に

冷凍前  冷凍中

冷凍と解凍のポイント
バットに並べてラップをかけ、いったん凍らせます。袋に移して空気を抜いて保存。食べるときは凍ったままフライパンで揚げます。

材料
（冷凍用ポリ袋中1枚分）

- 豚ロース薄切り肉 ※メモ1 …6枚（約200g）
- スライスチーズ…3枚
- A 塩…少々
  　粗びき黒こしょう…少々
- B 卵…1個
  　小麦粉…大さじ3
  　水…大さじ2
- パン粉…適量
- 揚げ油…適量

作り方

冷凍前

1 豚肉は広げてフォークなどで数カ所穴をあけ、Aをふる。1枚の中央にチーズ½枚をのせ、包む。これを6枚分繰り返す。※メモ2

2 Bはボウルでよく混ぜ合わせる。※メモ3 パン粉はバットなどに広げる。

3 1にB、パン粉を順につける。※メモ4

4 バットにラップをしき、3を間隔をあけて並べる。上からラップをぴったりとして、冷凍する。凍ったら、冷凍保存用ポリ袋に入れ、空気を抜いて保存する。

調理

1 フライパンに多めの油を熱し、2〜3個ずつ、強めの弱火で3〜4分かけて両面を揚げ焼きする。金網に上げ油を切る。

メモ1：豚肉の脂身
豚肉の脂身が気になる場合は、切り落とします。

メモ2：チーズの包み方
広げた豚肉の中央にチーズを乗せ、周りの肉を伸ばしながら、肉どうしが重ならないようにチーズを包みます。このとき、肉と肉が重なると火の通りが悪くなってしまうので注意して。

メモ3：バッター液について
卵、小麦粉、水を混ぜ合わせたものを「バッター液」といいます。バッター液は少しもったりするくらいが目安です。混ぜ合わせて固めだったら、少し水を足してください。

メモ4：パン粉のつけ方
パン粉は両面にしっかりとつけ、余分なパン粉は軽くはたきます。しっかりつけないと、揚げたときに衣に穴があきます。

れんこん肉詰め

しゃきっとれんこんは食べごたえ抜群

冷凍前 調理
10分 / 10分　費用 417円　フライパン調理　お弁当に

冷凍前　冷凍中

冷凍と解凍のポイント
バットに並べてラップをしていったん凍らせます。袋に移して空気を抜き保存。食べるときは凍ったままフライパンで焼きます。

材料
（冷凍用ポリ袋中1枚分）

- れんこん…300g
- 豚ひき肉…200g
- A
  - マヨネーズ…大さじ1
  - 中濃ソース…大さじ1
  - 塩…小さじ⅓
- サラダ油…適量

作り方

冷凍前

1. れんこんは皮をむき、1cm厚さの輪切りにし、酢水（分量外）にさらす。※メモ1
2. ボウルに豚ひき肉、Aを入れ、混ぜ合わせる。
3. 水気を切ったれんこんの穴に2を詰める。※メモ2
4. バットにラップをしき、3を間隔をあけて並べる。上からラップをぴったりとして、冷凍する。凍ったら、冷凍保存用ポリ袋に入れ、空気を抜いて保存する。

調理

1. フライパンに油を熱し、ポリ袋から取り出し、凍ったままフライパンに入れる。中火で1〜2分、片面を焼く。
2. 水30mL（分量外）を入れてフタをし、中火で4分ほど蒸し焼きにする。
3. フタを取り、焼き色がつくまで表面を焼く。

メモ1：れんこんの下ごしらえ
れんこんは変色しないよう、切ったらすぐに酢水にさらします。輪切りにして肉だねを詰めたいので、直径が小さすぎないものを選ぶとよいです。

メモ2：余った肉だねは上にのせる
れんこんの穴に入りきらない肉だねは、れんこんの片面に平らにのせます。

ハンバーグ

ジューシーなおいしさはやっぱり王道

冷凍前 調理
🕐 10分／15分　　💴 費用 359円　　電子レンジ調理　　フライパン調理　　お弁当に

冷凍前　→　冷凍中

冷凍と解凍のポイント
バットに並べてラップをしていったん凍らせます。袋に移して空気を抜いて保存。食べるときは凍ったままフライパンで焼きます。

材料
（冷凍用ポリ袋中1枚分）

豚ひき肉※メモ1
　…300g
たまねぎ
　…¼個（約100g）
バター…10g
A　卵…1個
　　パン粉…½カップ
　　塩…小さじ⅓
B　トマトケチャップ、
　　中濃ソース
　　…各大さじ1
サラダ油…適量

※Bの量はハンバーグ1個分です。

作り方
冷凍前
1　たまねぎはみじん切りにする。耐熱容器に入れ、ふわりとラップをして、500Wの電子レンジで3分加熱する。ラップを取り、バターを加えて溶かし混ぜ、冷ます。※メモ2
2　ボウルに豚ひき肉を入れ、粘りが出るまでこねる。たまねぎ、Aを加え、さらによくこねる。
3　2を4等分して1.5cm厚さほどに成形※メモ3し、いったん凍らせてから袋に入れ冷凍する。

調理
1　フライパンに油を熱し、凍ったままのハンバーグを入れる。強めの中火で2分ほど焼く。
2　焼き色がついたら裏返し、水50mL（分量外）を入れてフタをし、弱火で10分ほど焼く。※メモ4
3　皿に取り出す。フライパンにBを入れて中火で熱し、水分をほどよく飛ばしてかける。

メモ1：ひき肉について
合びき肉や牛ひき肉でもよいです。豚ひき肉の割合が高いほど、あっさりめのハンバーグになります。

メモ2：野菜の下ごしらえ
冷凍すると火の通りが悪くなるため、あらかじめ電子レンジで加熱します。

メモ3：成形のポイント
両手で肉だねをキャッチボールするようにして空気を抜きます。成形したら、真ん中を少しくぼませます。成形しづらい場合は、冷蔵庫で30分〜1時間くらい寝かせるとよいです。

メモ4：焼き加減
一番分厚いところに竹串をさし、凍っているとシャリッとした感触があります。さした竹串を触って、温かくなっていることを確認して。

さわらの梅みりん

梅の風味がさわやかな焼き魚

冷凍中

冷凍前 5分 / 調理 5分 / 費用 533円 / オーブン調理 / お弁当に

冷凍と解凍のポイント

袋で漬け込み空気を抜いて冷凍。切り身が重ならないようにすれば1切れずつ取り出せます。食べるときは凍ったままオーブンまたはグリルで。

材料（冷凍用ポリ袋中1枚分）

- さわら…2切れ（約200g）
- 梅干し（塩分8〜10%）…大1粒
- A みりん…大さじ1.5
-   醤油…小さじ1

作り方

冷凍前

1. さわらは骨を抜き、切り身が大きい場合は適当な大きさに切る。梅干しは種を取り、包丁でたたく。
2. 冷凍保存用ポリ袋にAと1を入れる。※メモ1 重ならないように並べて、空気を抜いて口を閉じ冷凍する。

調理

1. 天板にクッキングシートをしき、皮目を上にしてさわらを並べ、予熱した190度のオーブンで10〜15分ほど焼く。※メモ2

メモ1：漬けておくとき

汁が漏れることがあるので、バットなどを受け皿にして冷凍庫に保存します。

メモ2：オーブン以外でも

魚焼きグリルなどでも作れます。お手持ちの調理器具に合わせて、焼き加減や時間を調整してくださいね。

ブリの照り焼き

落ち着きのある味わいの和食おかず

\冷凍中/ 　冷凍前 調理　　費用　　フライパン調理　お弁当に
　　　　　5分/10分　410円

冷凍と解凍のポイント
袋で漬け込み空気を抜いて冷凍。切り身が重ならないようにすれば1切れずつ取り出せます。食べるときは凍ったままフライパンで。

メモ1：身の厚さに合わせて
ブリの切り身の厚さによって加熱時間が変わります。分厚いものは長めに加熱するか、冷蔵庫で解凍してから調理するのもおすすめです。

材料（冷凍用ポリ袋中1枚分）
- ブリ…2切れ（約280g）
- A　みりん…大さじ2
- 　　砂糖…大さじ1
- 　　醤油…大さじ1
- 　　酒…大さじ1
- サラダ油…適量
- 小ねぎ（小口切り）…好みで

作り方

冷凍前
1. ブリは余分な水分をキッチンペーパーでおさえて取り、骨を抜き、適当な大きさに切る。
2. 冷凍保存用ポリ袋にAを入れ、1を入れてなじませる。重ならないように並べて、空気を抜いて口を閉じ、冷凍する。

調理
1. フライパンに油を熱し、袋から取り出したブリを並べる。弱めの中火で2分焼き、※メモ1 裏返してフタをし、弱火で6分ほど焼く。
2. 袋に残った調味料を好みで追加して熱し、ブリの両面にからませる。皿に盛り、好みで小ねぎを散らす。

鮭のチーズパン粉焼き

ふんわり香るチーズがアクセント

冷凍前 10分 / 調理 10分 ／ 費用 277円 ／ フライパン調理 ／ お弁当に

\冷凍中/

 →

冷凍と解凍のポイント

バットに並べてラップをして、いったん冷凍庫で凍らせます。袋に移して空気を抜き保存。食べるときは凍ったままフライパンで。

メモ1：鮭の下ごしらえ

骨抜きには、普通のピンセットより専用の骨抜きを使ったほうがよいです。身を崩さずきれいに抜けます。私はおおまかに3等分に切っています。

メモ2：衣はまんべんなくしっかりと

衣がしっかりとつくように、両面を軽く押し付けるようにします。身が見えないようにまんべんなくつけます。

材料

（冷凍用ポリ袋中1枚分）

鮭…3切れ（約300g）
A｜酒…大さじ1
　｜塩…少々
　｜粗びき黒こしょう
　｜　　　　　　　…少々
B｜パン粉…大さじ2
　｜粉チーズ…大さじ2
サラダ油…適量

作り方

冷凍前

1 鮭は骨を取り除き、適当な大きさに切り、Aをふる。※メモ1

2 バットにBを入れてかき混ぜ、1の表面にまぶす。※メモ2

3 別のバットにラップをしき、2を間隔をあけて並べる。上からラップをぴったりとして、冷凍する。凍ったら、冷凍保存用ポリ袋に入れ、空気を抜いて保存する。

調理

1 フライパンに油を熱し、ポリ袋から取り出した鮭を凍ったまま並べる。弱めの中火で2分焼き、裏返してフタをし、弱火で4分ほど焼く。

2 フタを取り、中火で1～2分表面を焼く。

＼ 時短の強い味方 ／
野菜を切る、火を通す

切る、ゆでる、電子レンジにかけるなどの下処理だけをしておいて、
そのまま調理に使える野菜ストック。冷凍庫に何種類か常備しておくと、
安心感が段違い！ ごはん作りの手間がぐんと短縮されます。

冷凍しておくと便利な野菜一覧

P.68 ほうれん草
日々の食卓に欠かせない青菜。色味を足したいときにも重宝します。

P.70 小松菜
ほうれん草よりクセがなく、子どものごはんにも向いています。

P.72 キャベツ
和洋中問わず使えて、ボリュームを出したいときにもぴったりの食材です。

P.74 白菜
和風のおかずと相性が良い白菜。ゆでると省スペースで冷凍できます。

P.76 なす
さっと素揚げして冷凍しておきます。油をよく吸うなすは、おかずにうまみを加えます。

P.78 オクラ
冷凍しても、ちゃんとねばねば食感は残ります。さっと火を通して固めで冷凍します。

P.80 じゃがいも
マッシュにしておけばあとの手間がぐんと楽になります。解凍して料理の付け合わせにも。

P.82 かぼちゃ
薄切りにして冷凍すればアレンジしやすい食材に。食卓のいろどりがよくなります。

P.84 れんこん
変色してしまいがちなれんこんは、冷凍するとむだなく使いきれます。

P.86 ごぼう
下ごしらえが手間に感じてしまうごぼうは、ついでに下ごしらえして冷凍しておくと使いやすいです。

P.88 大根
大きな大根はいたむ前に冷凍を。味しみがよくなるので煮物用に凍らせても。

下ごしらえ済み野菜の上手な使い方

冷凍庫にあると安心できる、下ごしらえ済みの野菜たち。
おすすめの使い方をご紹介します。

1. さっとかけるだけ、和えるだけ

おひたしや和えものなどは、解凍して味をつけるだけ。忙しくてキッチンに立つ時間がないような日でも、一瞬で副菜が1品完成します。

2. サラダや付け合わせに

解凍してほかの食材と混ぜるだけ、お皿に添えるだけ。いったん火を通しているから、下ゆでが必要なポテトサラダや白和えなどの、定番おかずを作るときにもとっても便利。

3. 具のちょい足し

例えば、さっと作りたいチャーハンやスープの具に。栄養のバランスを取りたい日に。ここにちょっと野菜があれば、と思ったとき、凍ったまま使えて助かります。

4. おかずの材料として

味つけなしでシンプルに冷凍しているだけなので、生野菜と同じように食材として使用できます。炒めたり焼いたりするときは、冷凍したまま火にかけてしまってOK。

便利でおいしい保存のコツ

使いやすい量で小分けにする

目分量で構わないので、使いやすい量をラップで小分けにしてから冷凍保存用ポリ袋に入れるか、Sサイズの冷凍保存用ポリ袋に分けて入れておくと、使うときに便利です。

できるだけぺたんこにする

板状にして保存すると、少しだけ使いたいときにパキッと割って使えます。収納も場所を取らず、空気をしっかり抜けば持ちもよくなります。

ゆでほうれん草

しっかり水気を取るために、しぼるだけでなくざるとボウルを使うのもおすすめ。小分けにしてラップで包めば使いやすいです。

調理 **10分**

材料（作りやすい分量）

- ほうれん草…1袋（約10株）
- 塩…小さじ1

作り方

1. ほうれん草は根元を少し切り落とし、根元や葉についている土をしっかりと洗い落とす。鍋に水1L（分量外）と塩を入れ、強めの中火にかける。
2. 鍋の湯が沸騰したら、ほうれん草の茎の部分を鍋に入れ、30秒ほどゆでる。続いて葉の部分を鍋に入れ、さらに30秒ほどゆでる。
3. ゆで上がったら、すぐに冷水にさらす。冷めたら軽くしぼって水気を切り、3〜5等分に切り分け、手でしっかりとしぼって水気を切る。
4. 小分けにしてラップで包み、冷凍保存用のポリ袋に入れて空気を抜いて口を閉じ、冷凍する。

ゆでほうれん草でアレンジレシピ

ほうれん草の昆布和え

調理 **5分** 電子レンジ調理

材料（2人分）

- ゆでほうれん草…½量
- A 削り昆布…2つまみ
  醤油…小さじ½

作り方

1. 冷凍したゆでほうれん草をラップのまま、500Wの電子レンジで1分加熱する。※メモ1
2. ボウルにA、水気を切った1※メモ2 を入れて和える。

メモ1：ラップのまま加熱する
小分けにしたラップのまま加熱すると早いです。包み終わりを上にすると、水分を漏らさずに解凍できます。

メモ2：ラップのまま水気を切る
包んだラップの一方をあけ、ラップの上から手でしぼると、ざるもいらず簡単です。

ほうれん草のベーコンエッグ

⏱ 調理 **10分**　🔲 電子レンジ調理

材料（1人分）

ゆでほうれん草…¼量、卵…1個、ハーフベーコン…3枚、マヨネーズ…適量、スライスチーズ…適量

作り方

1. 冷凍したゆでほうれん草をラップのまま500Wの電子レンジで1分加熱する。耐熱容器の側面にベーコンを立てる。
2. 真ん中をあけて水気を切ったほうれん草を入れ、円状にマヨネーズをかける。
3. 卵を割り入れ、爪楊枝で黄身に1カ所穴をあける。チーズをのせ、ふわりとラップをして、500Wの電子レンジで3〜4分加熱する。

ほうれん草のごま和え

⏱ 調理 **5分**　🔲 電子レンジ調理

材料（2人分）

ゆでほうれん草…½量
A　いり金ごま…小さじ1
　　砂糖…小さじ½
　　醤油…小さじ½

作り方

1. 冷凍したゆでほうれん草をラップのまま、500Wの電子レンジで1分加熱する。※メモ1
2. ボウルにAを混ぜ合わせ、水気を切った1※メモ2を入れて和える。

メモ1：ラップのまま加熱する
小分けにしたラップのまま加熱すると早いです。包み終わりを上にすると、水分を漏らさず解凍できます。

メモ2：ラップのまま水気を切る
包んだラップの一方をあけ、ラップの上から手でしぼると、ざるもいらず簡単です。

ゆで小松菜

基本的に、ほうれん草と同じように使えます。しっかり水気を切って、使いやすい量で小分けにしてラップに包み、冷凍します。

調理 **10分**

材料（作りやすい分量）

小松菜 …1袋（約8株）
塩…小さじ1

作り方

1. 小松菜は根を切り落とし、根元や葉についている土をしっかりと洗い落とす。※メモ1 鍋にたっぷりの水、塩を入れ、火にかける。
2. 鍋の湯が沸騰したら、小松菜の茎の部分を鍋に入れ、30秒〜1分ゆでる。続いて葉の部分を鍋に入れ、さらに30秒ほどゆでる。
3. ゆで上がったらざるに上げて冷まし、全体をぎゅっとしぼって水気を切る。根元を切り落とし、2〜3cm幅に切る。
4. 小分けにしてラップに包み、冷凍保存用ポリ袋に入れて空気を抜いて口を閉じ、冷凍する。

メモ1：土の落とし方
キッチンバサミで根を切り落とし、根元に十字の切り込みを入れます。火が通りやすくなり、土汚れも落ちやすくなります。茎を広げて、水をはったボウルでジャブジャブふり洗いをします。

ゆで小松菜でアレンジレシピ

小松菜のおかか和え

調理 **5分**　電子レンジ調理

材料（1人分）

ゆで小松菜…⅓量
A 醤油…小さじ½
　白だし…小さじ⅓
　削り節…少々

作り方

1. 冷凍したゆで小松菜をラップのまま、500Wの電子レンジで1分加熱する。※メモ1
2. ボウルにAを入れて混ぜ合わせ、水気を切った1※メモ2を入れて和える。

メモ1：ラップのまま加熱する
小分けにしたラップのまま加熱すると早いです。包み終わりを上にすると、水分を漏らさずに解凍できます。

メモ2：ラップのまま水気を切る
包んだラップの一方をあけ、ラップの上から手でしぼると、ざるもいらず簡単です。

小松菜のツナマヨサラダ

調理 5分　電子レンジ調理

材料（1人分）

ゆで小松菜…⅓量
ツナ缶（油漬けタイプ）…⅓缶
マヨネーズ…大さじ1

作り方

1. 冷凍したゆで小松菜をラップのまま、500Wの電子レンジで1分加熱する。※メモ1
2. ボウルに油を切ったツナ缶、マヨネーズを入れて混ぜ合わせ、水気を切った1※メモ2 を加えて和える。

メモ1：ラップのまま加熱する
小分けにしたラップのまま加熱すると早いです。包み終わりを上にすると、水分を漏らさずに解凍できます。

メモ2：ラップのまま水気を切る
包んだラップの一方をあけ、ラップの上から手でしぼると、ざるもいらず簡単です。

小松菜の卵炒め

調理 10分　電子レンジ調理　フライパン調理

材料（1人分）

ゆで小松菜…⅓量
卵…1個
A　白だし…小さじ½
　　砂糖…小さじ½
サラダ油…適量

作り方

1. 冷凍したゆで小松菜をラップのまま、500Wの電子レンジで1分加熱する。※メモ1
2. ボウルに卵、Aを入れてよく溶きほぐす。
3. フライパンに油を熱し、中火で水気を切った1を炒める。
4. 2を加え、卵のふちが固まってきたら、外側から内側に手早くかき混ぜて全体が半熟状になるように炒める。※メモ2

メモ1：ラップのまま加熱する
小分けにしたラップのまま加熱すると早いです。包み終わりを上にすると、水分を漏らさずに解凍できます。

メモ2：焼くときのポイント
焼きすぎないように、卵が固まってきたら弱火にします。ある程度固まったらスプーンを使うとふんわり仕上がります。お好みで、しっかりと火を通してもよいです。

ゆでキャベツ

キャベツは、ゆでてぺたんこにすれば省スペースに。使いやすい量に合わせたサイズの冷凍保存用ポリ袋に入れて冷凍します。

調理
10分

材料（作りやすい分量）

キャベツ
　…½玉（約500g）
塩…小さじ1

作り方

1. キャベツは水洗いをして水気を切り、ざく切りにする。※メモ1 鍋にたっぷりの水、塩を入れ、火にかける。
2. 鍋の湯が沸騰したらキャベツを入れ、中火で1～2分ほどゆでる。
3. ゆで上がったらざるに上げ、全体をぎゅっとしぼって水気を切る。
4. 小分けにし、冷凍保存用ポリ袋に入れて空気を抜いて口を閉じ、冷凍する。

メモ1：キャベツの芯
キャベツの芯は薄切りにするとよいです。

ゆでキャベツでアレンジレシピ

キャベツの塩レモン和え

調理
5分　電子レンジ調理

材料（1人分）

ゆでキャベツ…⅓量
A　レモン汁…小さじ⅓
　　塩…少々
　　うまみ調味料…少々

作り方

1. 冷凍したゆでキャベツを耐熱皿にのせ、ふわりとラップをして、500Wの電子レンジで、様子を見ながら1分20～30秒加熱する。※メモ1
2. 1の水気をしっかりと切り、Aを加えて和える。

メモ1：袋のまま解凍
解凍まで使えるポリ袋の場合は、ポリ袋の口をあけ、そのまま電子レンジに入れて解凍してもよいです。ポリ袋のまま解凍した場合は、袋ごとしぼって水気を切り、調味料を袋に入れて和えると洗い物が少なく簡単です。

キャベツののり和え

⏱ 調理 5分　🔲 電子レンジ調理

材料（1人分）

ゆでキャベツ…⅓量
のり（全形の⅓）…1枚
A｜醤油…小さじ½
　｜ごま油…少々
　｜いり金ごま…好みで

作り方

1 冷凍したゆでキャベツを耐熱皿にのせ、ふわりとラップをして、500Wの電子レンジで、様子を見ながら1分20〜30秒加熱する。※メモ1

2 1の水気をしっかりと切り、ちぎったのり、Aを加えて和える。

メモ1：袋のまま解凍

解凍まで使えるポリ袋の場合は、ポリ袋の口をあけ、そのまま電子レンジに入れて解凍してもよいです。ポリ袋のまま解凍した場合は、袋ごとしぼって水気を切り、調味料を袋に入れて和えると洗い物が少なく簡単です。

キャベツとベーコンとチーズのスープ

⏱ 調理 5分　🍳 片手鍋調理

材料（2人分）

ゆでキャベツ…⅓量
ベーコン…2枚
チーズ…約30g ※メモ1
A｜水…400mL
　｜顆粒コンソメ…小さじ1
　｜醤油…小さじ⅓
粗びき黒こしょう…好みで

作り方

1 ベーコンは1cm幅に切る。チーズは1cmの角切りにする。

2 鍋にAを入れ、火にかける。煮立ったら冷凍したゆでキャベツ、ベーコンを加え、フタをして弱火で煮る。

3 キャベツが溶けほぐれたら火を止め、チーズを加える。※メモ2 器に盛り、好みで粗びき黒こしょうをふる。

メモ1：チーズの分量

1粒5gのキャンディチーズを6粒使いました。チーズの分量はお好みでよいです。

メモ2：チーズを入れるタイミング

煮ているときにチーズを入れると溶けて原形がなくなってしまうので、火を止めてから入れます。逆に、お好みであえて溶かしてもよいです。とろみのあるスープになります。

ゆで白菜

ゆでてしぼると、ぐっとかさが減るので、多めに作っても余裕で保存できます。使いやすい量で冷凍保存用ポリ袋に入れて冷凍して。

調理 10分

材料（作りやすい分量）

白菜…約¼株(800g)
塩…小さじ1

作り方

1. 白菜は根元を切り落とし、水洗いをして軽く水気を切り、1cm幅のざく切りにする。
2. 鍋にたっぷりの水と塩を入れ、火にかける。
3. 沸騰したら1を入れ、中火で4分ほどゆで、ざるに上げてしっかりと水気を切る。
4. 小分けにし、冷凍保存用ポリ袋に入れて空気を抜いて口を閉じ、冷凍する。

ゆで白菜でアレンジレシピ

白菜のおひたし

調理 5分　電子レンジ調理

材料（1人分）

ゆで白菜…⅓量
白だし…小さじ1
削り節…少々

作り方

1. 冷凍したゆで白菜を耐熱皿にのせ、ふわりとラップをして、500Wの電子レンジで、様子を見ながら1分20〜30秒加熱する。※メモ1
2. 1の水気を切り、白だしを加えて和え、皿に盛って削り節をかける。

メモ1：袋のまま解凍
解凍まで使えるポリ袋の場合は、ポリ袋の口をあけ、そのまま電子レンジに入れて解凍してもよいです。ポリ袋のまま解凍した場合は、袋ごとしぼって水気を切り、白だしを袋に加えて和えると洗い物が少なく簡単です。

白菜とがんもどきの含め煮

調理 5分　フライパン調理

材料（1〜2人分）

ゆで白菜…⅓量
がんもどき…3枚（50〜60g）
A　みりん…大さじ½
　　醤油…大さじ½
　　水…50mL

作り方

1　フライパンにがんもどき、冷凍したゆで白菜、Aを入れ、フタをして中火で4分ほど煮る。
2　フタを取り、やさしく混ぜて味をなじませる。

白菜と豚肉の中華風とろみあん

調理 10分　フライパン調理

材料（1〜2人分）

ゆで白菜…⅓量
豚ひき肉…200g
A　みそ…大さじ1
　　オイスターソース…大さじ½
　　豆板醤…小さじ½ ※メモ1
　　しょうがチューブ…3cm
B　片栗粉…大さじ½
　　水…100mL
サラダ油…適量

作り方

1　フライパンに油を熱し、豚ひき肉をパラパラになるまで中火で炒め、余分な油をキッチンペーパーなどでふき取る。
2　冷凍したゆで白菜、※メモ2 混ぜ合わせたAを順に加え、中火で炒め合わせる。
3　火を弱め、混ぜ合わせたBを加えてとろみをつける。

メモ1：辛さはお好みで
豆板醤の量はお好みで調整してください。

メモ2：ほぐしておく
冷凍したゆで白菜はポリ袋の上から割って、少しほぐしておくと炒め合わせやすいです。

揚げなす

色がつくぐらいまで揚げると香ばしくておいしいです。使いやすい量を冷凍保存用ポリ袋に入れて空気を抜き、冷凍します。

調理 **10分**

材料（作りやすい分量）

なす…4本
揚げ油
　…大さじ8（目安）

作り方

1 なすはへたを切り落とし、乱切りにする。
2 切ったらすぐにフライパンに入れ、油をからませる。※メモ1
3 2を中火にかけ、揚げ焼きにする。火が通ったら金網にのせ、冷ます。
4 ラップをしいたバットに間隔をあけて並べる。上からラップをぴったりとして、冷凍する。凍ったら、冷凍保存用ポリ袋に入れ、空気を抜いて口を閉じ、再び冷凍する。

メモ1：なすは油をからませる

揚げる前になすの表面を油でコーティングしておくと、油の吸いすぎを防げます。

広げて冷まして

＼小分けで冷凍／

揚げなすでアレンジレシピ

揚げなすのポン酢醤油和え

調理 **5分**　電子レンジ調理

材料（1人分）

揚げなす…⅓量
A　ポン酢醤油
　　　…小さじ2
　　小ねぎ（小口切り）…好みで

作り方

1 冷凍した揚げなすを耐熱皿に入れ、ラップをかけずに500Wの電子レンジで2分加熱する。
2 Aをかけ、さっと和える。

なすの肉みそ炒め

調理 **5分** フライパン調理

材料（1〜2人分）

揚げなす…⅓量
豚ひき肉…150g
A みそ…大さじ1
　みりん…大さじ1
　醤油…小さじ1
小ねぎ（小口切り）…好みで
サラダ油…少々

作り方

1 フライパンに油を熱し、冷凍した揚げなすと豚ひき肉を入れて中火で炒める。※メモ1

2 余分な油をキッチンペーパーでふき取り、Aを加えて炒め合わせる。好みで小ねぎを散らす。

メモ1：炒めるときのポイント
豚ひき肉は木べらなどでそぼろ状にしながら炒めます。

なすのトマトソース

調理 **15分** オーブン調理

材料（1〜2人分）

揚げなす…⅓量
トマトソース（P.118または市販のもの）
　…スプーン2杯分
ミックスチーズ…適量
ドライパセリ…好みで

作り方

1 オーブンを200度に予熱する。天板にクッキングシートをしき、冷凍した揚げなす、トマトソース、チーズを順に重ねる。※メモ1

2 200度のオーブンで10分ほど焼く。※メモ2 好みでパセリを散らす。

メモ1：皿に入れても
お好みで、グラタン皿に入れて焼いてもよいです。

メモ2：グリルやトースターでも
魚焼きグリル、トースターでも作れますが、焼き時間や火力などがオーブンとは違うので、様子を見ながら焼いてください。

ゆでオクラ

水気をしっかり切ったら小分けにしてラップに包み、冷凍保存用ポリ袋に入れて空気を抜き、冷凍します。

調理
10分

材料（作りやすい分量）

オクラ
…2袋（約140g）
塩…少々

作り方

1. オクラはへたを切り落とし、がくをぐるりとむき取り、板ずりをする。※メモ1
2. 沸騰した湯に1を入れ、2分ほどゆでる。※メモ2 ゆで上がったらざるに上げて水気を切り、8mm幅に切る。
3. 冷めたら小分けにしてラップに包み、冷凍保存用ポリ袋に入れて空気を抜いて口を閉じ、冷凍する。

メモ1：オクラの下ごしらえ

へたの角ばっている部分に包丁をあてて、ぐるりとむき取ります。まな板に置いたら、まんべんなく塩をふり、ごろごろとまな板の上を転がします。表面のうぶ毛が取れて、食感や色味がよくなります。

メモ2：オクラのゆで方

オクラは水に浮かぶので、菜箸で転がしながらゆでます。もしくは、落としブタをしてもよいです。ゆで時間2分は目安です。オクラの大きさによって変わります。冷凍するので、少し固めにゆでるとよいです。

ゆでオクラでアレンジレシピ

オクラのきざみ昆布和え

調理
5分　電子レンジ調理

材料（1人分）

ゆでオクラ…⅓量
きざみ昆布…約2g
ポン酢醤油…大さじ1

作り方

1. 冷凍したオクラをラップのまま、500Wの電子レンジで1分20秒ほど加熱する。きざみ昆布は水で戻す。
2. ボウルにポン酢醤油と水気を切った1を入れ、よく和える。

オクラの卵焼き

調理 10分　電子レンジ調理　フライパン調理

材料（1〜2人分）

ゆでオクラ…⅓量、卵…3個、A（水…大さじ2、白だし…大さじ½、砂糖…小さじ1）、サラダ油…適量

作り方

1 冷凍したオクラをラップのまま、500Wの電子レンジで50秒ほど加熱する。

2 ボウルに卵を割り入れ、Aを加えてよく溶きほぐし、1を加えて混ぜる。

3 油を熱したフライパンに2を⅓量入れ、全体に広げる。半熟状になったら手前にくるくると巻いて焼く。これを3回繰り返す。粗熱が取れたら、好みの大きさに切る。

オクラ納豆チャーハン

調理 10分　フライパン調理

材料（1人分）

ゆでオクラ…⅓量、ごはん…1杯分、納豆…1パック、卵…1個、A（醤油…小さじ½※メモ1、塩…少々、粗びき黒こしょう…好みで）、サラダ油…適量

作り方

1 ボウルに、納豆と付属のたれを入れて混ぜる。卵を割り入れ、よく溶きほぐす。

2 フライパンに油を熱し、冷凍したオクラを入れ、表面が溶けるくらいまで炒める。

3 2に1とごはんを加え、木べらで切るようにして、強めの中火で炒める。

4 ごはんがパラパラになったら、Aを加えて炒め合わせる。

メモ1：調整する
付属のたれの濃さによって、あとから入れる調味料を調整してください。

マッシュポテト

耐熱温度が高い袋に、使いやすい量を小分けにして熱いうちに入れ、空気をしっかり抜きます。完全に冷めてから冷凍庫へ。

調理
20分

材料（作りやすい分量）

じゃがいも…400g

作り方

1. じゃがいもはよく洗ってラップで包み、500Wの電子レンジで8〜10分加熱する。
2. ラップを取り、キッチンペーパーなどで包んで皮をむき、芽を取り除く。
3. ボウルに2を入れ、フォークなどでなめらかになるまでつぶす。
4. 熱いうちに耐熱の冷凍保存用ポリ袋に入れて平らにし、空気を抜いて口を閉じ、冷凍する。

マッシュポテトでアレンジレシピ

ポテトサラダ

メモ1：くだいて加熱する
冷凍したマッシュポテトは、ポリ袋の上から手で割れます。くだいてから並べて加熱すると、加熱ムラが少なくなります。

調理
5分　電子レンジ調理

材料（1〜2人分）

マッシュポテト…⅓量
バター…10g
きゅうり…⅓本
塩…少々
ハム…2枚
A　マヨネーズ…大さじ1.5
　　塩…少々
　　粗びき黒こしょう…好みで

作り方

1. 耐熱皿に冷凍したマッシュポテト、※メモ1 バターを入れ、ラップをして500Wの電子レンジで3分ほど加熱する。
2. きゅうりは薄い輪切りにして塩をふり、しんなりしたら水気をしぼる。ハムは1cm四方に切る。
3. 1に2、Aを加え、よく混ぜ合わせる。

カレースコップコロッケ

調理 10分 / 電子レンジ調理 / フライパン調理

メモ１：袋のまま解凍
解凍まで使えるポリ袋の場合は、ポリ袋の口をあけ、そのまま電子レンジに入れて解凍してもよいです。

材料（2人分）

マッシュポテト…⅓量、豚ひき肉…100g、A（塩…少々、粗びき黒こしょう…少々）、B（中濃ソース…小さじ2、カレー粉、顆粒コンソメ…各小さじ½）、C（パン粉…大さじ4、サラダ油…大さじ1）、サラダ油…適量、ドライパセリ…好みで

作り方

1. 冷凍したマッシュポテトは耐熱皿に入れてラップをして、500Wの電子レンジで2分ほど加熱する。※メモ1
2. フライパンに油を熱し、豚ひき肉、Aを入れて炒める。余分な脂が出たら、キッチンペーパーでふき取る。
3. 1、Bを加えて炒め合わせ、器に取り出し、平らにする。
4. フライパンの余分な汚れをキッチンペーパーでふき取り、Cを入れて、きつね色になるまで炒める。
5. 3の上に4をかけ、押し固める。好みでパセリを散らす。

じゃがいものポタージュ

調理 10分 / 片手鍋調理

材料（2人分）

マッシュポテト…⅓量
A｜牛乳…200mL
　｜顆粒コンソメ…小さじ1
ドライパセリ…好みで

作り方

1. 鍋に冷凍したマッシュポテト、Aを入れ、強めの中火にかける。
2. 沸騰する直前に火を弱め、マッシュポテトを溶かすように混ぜる。
3. 好みで2をこし、器に注ぐ。好みでパセリを散らす。

薄切りかぼちゃ

下処理をして食べやすく切っておくだけで、かなり手間が省けます。使いやすい量を小分けにして冷凍します。

調理
5分

材料（作りやすい分量）

かぼちゃ※メモ1…300g

作り方

1. かぼちゃは種とわたを取り除き、皮をところどころ削ぎ、6～7mm幅の薄切りにする。
2. なるべく重ならないように冷凍保存用ポリ袋に入れ、空気を抜いて口を閉じ、冷凍する。

メモ1：かぼちゃの種類

水っぽいかぼちゃよりもホクホクしたタイプのかぼちゃのほうが冷凍に向いています。

薄切りかぼちゃでアレンジレシピ

かぼちゃのバター醤油焼き

調理
10分 フライパン調理

材料（2人分）

薄切りかぼちゃ…1/3量
バター…10g
醤油…小さじ1/2

作り方

1. フライパンにバターを熱し、冷凍したかぼちゃを入れ、弱～中火で3分ほどかけて両面焼く。
2. 醤油をまわし入れ、水分が飛んだら火を止める。

かぼちゃとしその豚バラ巻き

調理 10分　フライパン調理

材料（1〜2人分）

薄切りかぼちゃ…⅓量（6切れ）
豚バラ薄切り肉…6枚（約100g）
青じそ…6枚
A　塩…少々
　　粗びき黒こしょう…少々
サラダ油…適量

作り方

1　豚肉1枚を広げ、手前に冷凍したかぼちゃ、青じそを1枚ずつのせて端からくるくると巻く。同様に残りも巻き、Aをふる。
2　フライパンに油を熱し、1の巻き終わりを下にして並べ、中火で2分焼く。
3　裏返してフタをし、弱めの中火で4分焼く。

かぼちゃのマヨサラダ

調理 10分　電子レンジ調理

材料（2人分）

薄切りかぼちゃ…⅓量※メモ1
プロセスチーズ…約30g
ハム…2枚
A　マヨネーズ…大さじ2
　　粒マスタード…小さじ⅓
ドライパセリ…好みで

作り方

1　耐熱皿に冷凍したかぼちゃをのせ、ふわりとラップをして、500Wの電子レンジで4分ほど加熱する。
2　チーズ、ハムは混ぜやすい大きさに切る。
3　1に2、Aを加えて和える。好みでパセリを散らす。

メモ1：かぼちゃの大きさ
切るときに半端な大きさになったかぼちゃを使ってもよいです。また、かぼちゃが大きすぎる場合は、1のあとに適当な大きさに切ります。

レンジれんこん

しっかり冷ましてから使いやすい量を小分けにして冷凍します。れんこんの大きさによっては輪切りで作ってもよいです。

調理
10分

材料（作りやすい分量）

れんこん…300g

作り方

1. れんこんは皮をむいて5mm厚さの半月切りにし、酢水にさらす。
2. 水気を切った1を耐熱皿に並べ、ふわりとラップをして、500Wの電子レンジで3分加熱する。
3. 冷めたら、冷凍保存用ポリ袋になるべく重ならないように並べ入れ、空気を抜いて口を閉じ、冷凍する。

レンジれんこんでアレンジレシピ

れんこんのレモン和え

調理 **10分**　電子レンジ調理

材料（1〜2人分）

レンジれんこん…⅓量
A　レモン汁…小さじ1.5
　　サラダ油…小さじ1 ※メモ1
　　砂糖…小さじ½
　　塩…少々

作り方

1. 冷凍したれんこんを耐熱皿にのせ、ラップをして、500Wの電子レンジで2分ほど加熱する。
2. バットにAを入れて混ぜ合わせる。
3. 水気を切った1を2に加えて軽く混ぜ、味をなじませる。

メモ1：好みのオイルで
お好みでオリーブオイルなどを使っても。私は米油を使っています。

れんこんの和風カレー炒め

調理 5分　フライパン調理

材料（1〜2人分）

レンジれんこん…⅓量
A｜白だし…小さじ1
　｜カレー粉…小さじ⅓
サラダ油…適量

作り方

1 フライパンに油を熱し、冷凍したれんこんを入れ、中火で2分焼く。
2 1にAを加え、こんがりと焼き色がつくまで焼く。

れんこんベーコンチーズペッパー

調理 5分　電子レンジ調理

材料（1〜2人分）

レンジれんこん…⅓量
ベーコン…1枚
ミックスチーズ…適量
A｜塩…少々
　｜粗びき黒こしょう…少々

作り方

1 ベーコンは1cm幅に切る。
2 耐熱皿に冷凍したれんこん、ベーコン、チーズを順に重ね、Aをふる。
3 ラップをせずに、500Wの電子レンジで3分加熱する。

ゆでごぼう

しっかり冷まして水気を切ってから使いやすい量を小分けにしてラップで包みます。大きさをそろえて切るとさらに使いやすいです。

調理
10分

材料（作りやすい分量）

ごぼう
　…1〜2本（約200g）

※表示の調理時間は、水にさらす時間を含まない目安の時間です。

作り方

1. ごぼうは皮をむき、5cmくらいの長さに切ってさらに縦半分に切り、水にさらす。※メモ1
2. 鍋に湯を沸かし、沸騰したら1の水気を軽く切り、7〜8分ゆでる。
3. 2の水気をキッチンペーパーでふき取る。小分けにしてラップで包み、冷凍保存用ポリ袋に入れて空気を抜いて口を閉じ、冷凍する。

メモ1：ごぼうの下ごしらえ

泥つきごぼうは、手でこすって土をしっかり洗い落とします。皮に香りやうまみがあるので包丁の背でこするようにして薄くむきます。アルミホイルでこすってもよいです。水にさらす時間の目安は5〜10分です。お好みでアク抜きはしなくてもよいです。1cm角ほどになるように、太いものは十字に切ります。

ゆでごぼうでアレンジレシピ

ごぼうのごま和え

調理
5分　電子レンジ調理

材料（1〜2人分）

ゆでごぼう…⅓量
A　すりごま…小さじ2
　　砂糖…小さじ½
　　醤油…小さじ½

作り方

1. 冷凍したごぼうをラップのまま、500Wの電子レンジで1分30秒加熱する。
2. ボウルにAを混ぜ合わせる。
3. 水気を軽く切った1を2に加え、和える。

メモ1：すりごまの種類

香り、見た目もよい金ごまを使ったすりごまがおすすめですが、お好みのすりごまを使ってください。

ごぼうのピーナッツマヨサラダ

調理 5分　電子レンジ調理

材料（1〜2人分）

ゆでごぼう…⅓量
A｜マヨネーズ…大さじ1
　｜砂糖…小さじ½
　｜ピーナッツ（ロースト、くだいておく）
　｜　※メモ1…小さじ2
　｜塩…少々

作り方

1. 冷凍したごぼうをラップのまま、500Wの電子レンジで1分30秒加熱する。
2. ボウルにAを混ぜ合わせる。
3. 水気を軽く切った1を2に入れ、和える。

メモ1：ピーナッツ
お好みのナッツでもよいです。3〜4粒を目安に、くだいて入れます。

ごぼう南蛮

調理 10分　電子レンジ調理　フライパン調理

材料（1〜2人分）

ゆでごぼう…⅓量、片栗粉…大さじ½、A（醤油…小さじ1、砂糖…小さじ1、穀物酢…小さじ1）、揚げ油…適量

作り方

1. 冷凍したごぼうをラップのまま、500Wの電子レンジで30秒加熱する。
2. ポリ袋に余分な水分をふき取った1と片栗粉を入れ、袋に空気を入れて口を閉じて手で持ち、ごぼうに片栗粉がまんべんなくつくようにふる。※メモ1
3. フライパンに多めの油を熱し、弱めの中火で3〜4分、揚げ焼きにする。
4. バットにAを入れて混ぜ合わせ、油を切った3を入れてからめる。

メモ1：薄くつける
ポリ袋を使うと、片栗粉が薄くきれいにつきます。バットに広げ、茶こしなどを使って片栗粉をふりかけてもよいです。

レンジ大根

300gの大根は、だいたい⅓〜½本ぐらいの量。しっかり冷ましてから使いやすい量を小分けにして冷凍します。

調理 10分

材料（作りやすい分量）

大根…300g

作り方

1. 大根は皮をむき、1cm厚さの輪切りにしてから、5cm長さ、1cm角の拍子木切りにする。
2. 耐熱皿に並べ、ふわりとラップをして、500Wの電子レンジで5分加熱する。
3. 冷めたら小分けにしてラップに包み、冷凍保存用ポリ袋に入れて空気を抜いて口を閉じ、冷凍する。

レンジ大根でアレンジレシピ

大根の甘みそ和え

調理 5分　**電子レンジ調理**

材料（1〜2人分）

レンジ大根…⅓量
A ┌ みりん…大さじ1
　├ みそ…大さじ½
　└ 砂糖…小さじ1
みつば…好みで

作り方

1. 冷凍した大根をラップのまま、500Wの電子レンジで2分加熱する。
2. 耐熱ボウルにAを混ぜ合わせ、500Wの電子レンジで20秒加熱する。
3. 水気を切った1を2に加え、和える。好みで三つ葉を乗せる

大根のゆずこしょう和え

調理 5分　電子レンジ調理

材料（1〜2人分）

レンジ大根…⅓量
A　白だし…小さじ1
　　ゆずこしょう…小さじ¼

作り方

1　冷凍した大根をラップのまま、500Wの電子レンジで2分加熱する。
2　ボウルにAを混ぜ合わせる。
3　水気を切った1を2に加え、和える。

大根のにんにく炒め

調理 10分　電子レンジ調理　フライパン調理

材料（1〜2人分）

レンジ大根…⅓量
にんにく…½かけ
A　醤油…小さじ1
　　みりん…小さじ½
サラダ油…適量

作り方

1　冷凍した大根をラップのまま、500Wの電子レンジで2分加熱する。にんにくは薄切りにする。
2　フライパンに油を熱し、にんにくを香りが出るまで炒める。水気を切った大根を加えて中火で炒める。
3　Aを加え、弱めの中火で表面に焼き色がつくまで焼く。

CHAPTER 02 / PART 03

＼便利、安心、いざというとき助かる／
カット野菜セット、食材ミックスセットを作る

自宅で作るカット野菜セット。使いやすく、冷凍してもおいしく食べられる野菜をピックアップして組み合わせました。お好みの野菜に変えたりプラスしたりして"オリジナルカット野菜"を作っておくと、準備の手間が格段に減るだけでなく、"何の食材を使おうか"と悩むことがなくなります。

キャベツ / たまねぎ / 小ねぎ

 調理 5分

作り方
1 キャベツはざく切りにする。たまねぎは皮をむき、薄切りにする。小ねぎは小口切りにする。
2 冷凍保存用ポリ袋に入れ、空気を抜いて口を閉じ、冷凍する。

材料（作りやすい分量）
キャベツ…¼玉（約300g）
たまねぎ…½個（約100g）
小ねぎ…½束

大根 / にんじん / 長ねぎ

 調理 5分

作り方
1 大根、にんじんは皮をむき、4cm長さほどの細切りにする。
　※メモ1　長ねぎは斜め薄切りにする。
2 冷凍保存用ポリ袋に入れ、空気を抜いて口を閉じ、冷凍する。

材料（作りやすい分量）
大根…200g
にんじん…⅓本（約50g）
長ねぎ…1本

メモ1：大根とにんじんの大きさ
大根は5mm角ほど、にんじんは大根よりも細めに切ったほうが、冷凍後の調理で加熱ムラが少なくなります。

セット 3

材料（作りやすい分量）

小松菜…1袋（約8株）
にんじん…½本（約70g）
油揚げ…1枚

小松菜 / にんじん / 油揚げ

調理 5分

作り方

1. 小松菜はよく洗って水気を切り、根元を切り落として2cm幅に切る。にんじんは皮をむき、せん切りにする。
2. 油揚げはキッチンペーパーではさみ、500Wの電子レンジで1分加熱し、油抜きをする。※メモ1 縦半分に切り、細切りにする。
3. 冷凍保存用ポリ袋に入れ、空気を抜いて口を閉じ、冷凍する。

メモ1：油抜き
電子レンジを使うと、油抜きが簡単。熱湯をかけたほうがしっかりと油が抜けるので、お好みで熱湯をかけて油抜きをしてもよいです。

セット 4

材料（作りやすい分量）

ごぼう…1本（約180g）
にんじん…小1本（約100g）
油揚げ…1枚

ごぼう / にんじん / 油揚げ

調理 10分

作り方

1. ごぼうは皮をこそいでささがきにし、5分ほど水にさらしてアク抜きをし、ざるに上げて水気を切る。にんじんは皮をむき、細切りにする。
2. 油揚げはキッチンペーパーではさみ、500Wの電子レンジで1分加熱し、油抜きをする。縦半分に切り、細切りにする。
3. 冷凍保存用ポリ袋に入れ、空気を抜いて口を閉じ、冷凍する。

セット 5

材料（作りやすい分量）

白菜…⅛株（約250g）
ニラ…1束（約120g）
もやし…1袋（約200g）

白菜 / ニラ / もやし

調理 5分

作り方

1. 白菜は1cm幅の細切りにする。ニラは根元を少し切り落とし、5cm幅に切る。もやしはよく洗う。
2. 冷凍保存用ポリ袋に入れ、空気を抜いて口を閉じ、冷凍する。

セット 6

材料（作りやすい分量）

パプリカ（赤）…大1個
パプリカ（黄）…大1個
ピーマン…4個

パプリカミックス

調理 5分

作り方

1. パプリカとピーマンはへたと種を取り、1cmの角切りにする。
2. 冷凍保存用ポリ袋に入れ、空気を抜いて口を閉じ、冷凍する。

1 のセットで

豚肉とキャベツのみそ炒め

調理
10分

フライパン調理

材料（1〜2人分）

キャベツ / たまねぎ / 小ねぎ
セット…⅓量
豚こま切れ肉…200g
A　酒…大さじ1
　　赤みそ※メモ1…大さじ1
　　砂糖…大さじ½
　　醤油…大さじ½
　　豆板醤…少々
ごま油…好みで
サラダ油…適量

作り方

1. ボウルにAを入れて混ぜ合わせる。※メモ2
2. フライパンに油を熱し、豚肉を入れ、中火で表面の色が変わるくらいまで炒める。冷凍野菜を加え、炒め合わせる。
3. 1を加え、全体に味がいきわたるよう炒め合わせ、ほどよく汁気を飛ばす。好みでごま油をまわし入れる。

メモ1：みそ
赤みそがない場合は、普通のみそでも代用できます。

メモ2：調味料は混ぜ合わせておく
みそが溶けづらいので、炒める前にボウルで混ぜ合わせておくと作業がスムーズです。

キャベツのポン酢おかか和え

調理 **5分**　電子レンジ調理

材料（2人分）

キャベツ / たまねぎ / 小ねぎ セット…⅓量
A｜ポン酢醤油…大さじ1.5
　｜削り節…小 ½ パック（約1.2g）

作り方

1 耐熱皿に冷凍野菜を入れ、ふわりとラップをして、500Wの電子レンジで3分加熱する。
2 ざるに上げて水気をよく切り、※メモ1 ボウルに入れてAを加え、和える。

メモ1：水気をよく切る
ざるに上げて水気を切ったら、キッチンペーパーを使って手でおさえ、さらにしっかりと水気を切ります。

エッグコンソメスープ

調理 **5分**　片手鍋調理

材料（2人分）

キャベツ / たまねぎ / 小ねぎ セット…⅓量
卵…2個
A｜水…300mL
　｜顆粒コンソメ…小さじ1
　｜醤油…小さじ1
粗びき黒こしょう…好みで

作り方

1 鍋にAを入れて強火にかける。
2 沸騰したら冷凍野菜を入れ、混ぜながら溶かす。
3 2に卵を割り入れ、少しずらしてフタをして、弱〜中火で2〜3分加熱する。※メモ1 好みで粗びき黒こしょうをかける。

メモ1：卵はお好みで
卵がお好みの煮え具合になるまで加熱してください。

② のセットで

大根チヂミ

調理 **10分**

フライパン調理

材料（1〜2人分）

大根 / にんじん / 長ねぎセット…⅓量
- A
  - 小麦粉…大さじ3
  - 片栗粉…大さじ2
  - 醤油…小さじ1.5
  - いり金ごま…小さじ1
  - 水…100mL
- B
  - 醤油…大さじ½
  - 砂糖…小さじ1
  - コチュジャン…少々

サラダ油※メモ1…適量

作り方

1. 冷凍野菜は手でほぐす。
2. ボウルにAと1を入れ、よく混ぜ合わせる。
3. フライパンに油を熱し、2を薄く広げ、中火で3〜4分焼く。
4. 裏返して、さらに2〜3分焼く。食べやすい大きさに切り、混ぜ合わせたBを添える。

メモ1：油はお好みで
ごま油を使っても。香ばしくなります。

大根とにんじんのきんぴら風

⏱ 調理 **10分** 🍳 フライパン調理

材料（1〜2人分）

大根 / にんじん / 長ねぎ
セット…⅓量
みりん…大さじ½
醤油…小さじ1
A　みりん…小さじ1
　　いり金ごま…好みで
サラダ油…適量

作り方

1 フライパンに油を熱し、冷凍野菜を入れ、中火で1〜2分炒める。
2 強火にし、みりんを加えて炒め、醤油を加えてさらに炒め合わせる。
3 水気が飛んだら弱火にし、Aを加えて炒める。

大根にんじん長ねぎのみそ汁

⏱ 調理 **5分** 🍳 片手鍋調理

材料（2人分）

A　大根 / にんじん / 長ねぎ
　　セット…⅓量
　　水…300mL
　　だしの素（スティック）
　　…1本 ※メモ1
みそ…大さじ1.5〜2 ※メモ1

作り方

1 鍋にAを入れて火にかける。
2 沸騰したら火を弱め、野菜がやわらかくなったら火を止める。
3 みそを溶き入れる。再び火にかけ、沸騰直前に火を止める。

メモ1：味はお好みで
みその量やだしの素の量はお好みで調整してください。

3 のセットで

炒り豆腐

- 調理 10分
- フライパン調理

材料（1〜2人分）
小松菜 / にんじん / 油揚げ セット…⅓量
木綿豆腐…250g
A　醤油…小さじ1
　　白だし…小さじ½
　　削り節…小1パック
　　（約2.5g）
サラダ油…適量

作り方
1. フライパンに油を熱し、冷凍野菜、豆腐をちぎり入れ、強めの中火で水分を飛ばしながら炒める。
2. 野菜に火が通ったらAを加え、炒め合わせる。

小松菜とにんじんのごまみそ和え

調理 5分　電子レンジ調理

材料（1〜2人分）

小松菜 / にんじん / 油揚げ
セット…⅓量
A　すり金ごま…小さじ1
　　みそ…小さじ½
　　醤油…小さじ½

作り方

1. 耐熱皿に冷凍野菜をのせ、ふわりとラップをして、500Wの電子レンジで3分加熱する。
2. ボウルにAを入れて混ぜ合わせる。軽く水気を切った1を加えて和える。

かきたま汁

調理 10分　片手鍋調理

材料（2人分）

小松菜 / にんじん / 油揚げ
セット…⅓量
卵…2個
A　水…300mL
　　白だし…大さじ1.5
　　醤油…少々

作り方

1. 鍋にAを入れて火にかける。ボウルに卵を割り入れ、溶きほぐす。
2. 沸騰したら冷凍野菜を入れ、中火で野菜がやわらかくなるまで煮る。
3. 溶き卵をまわし入れ、卵がほどよく固まったら火を止める。
※メモ1

メモ1：溶き卵の入れ方

卵を菜箸につたわせるようにするか、もしくは穴あきお玉を使い、少しずつまわし入れます。卵を入れたら、少し固まるまで動かさないようにします。固まってきたら、やさしくかき混ぜ、火を止めます。

4 のセットで

ごぼうとにんじんの卵とじ

調理 10分
フライパン調理

材料（1〜2人分）
ごぼう / にんじん / 油揚げ
セット…⅓量
卵…3個
A　水…50mL
　　白だし…大さじ1
　　砂糖…小さじ1
小ねぎ（小口切り）…好みで

作り方

1　フライパンに冷凍野菜とAを入れてフタをし、中〜強火にかける。野菜が溶けてきたらほぐし、3分ほど蒸し煮にする。

2　ボウルに卵を割り入れ、溶きほぐす。

3　1に2をまわし入れてフタをし、弱〜中火で1分ほど煮る。フタを取り、菜箸でやさしくかき混ぜ、好みの固さになったら火を止める。好みで小ねぎを散らす。

鶏肉と根菜のさっと煮

⏱ 調理 **15分**　🍳 フライパン調理

材料（1〜2人分）

ごぼう / にんじん / 油揚げセット…⅓量、鶏もも肉…200g、A（水…50mL、酒…大さじ1、みりん…大さじ1、白だし…大さじ½、醤油…大さじ½）、冷凍えだまめ…好みで

作り方

1. 鶏肉は余分な脂を取り除き、食べやすい大きさに切る。
2. フライパンまたは鍋に1、冷凍野菜、Aを入れてフタをし、火にかける。
3. 煮立ったら弱火にし、8分ほど、ごぼうがやわらかくなるまで煮る。
4. 好みでさやから出したえだまめを加え、混ぜ合わせる。

ごぼうとにんじんのみそ汁

⏱ 調理 **10分**　🍳 片手鍋調理

材料（2人分）

ごぼう / にんじん / 油揚げセット…⅓量
乾燥わかめ※メモ1…適量
A　水…400mL
　　和風だしの素※メモ2…約4g
みそ…大さじ2
小ねぎ（小口切り）…好みで

作り方

1. 鍋に冷凍野菜、Aを入れる。フタをして弱〜中火にかけ、4分ほど煮る。
2. 乾燥わかめを加え、わかめが戻ったら火を止める。
3. みそを溶き入れ、再び火にかけ、沸騰直前に火を止める。好みで小ねぎを散らす。

メモ1：乾燥わかめについて
乾燥わかめは水で戻さなくてよいものを使っています。その他のわかめの戻し方はパッケージに書いてある説明にしたがってください。

メモ2：和風だしの素について
和風だしの素は商品によって塩分量が異なるので、お使いのものに合わせて調整してください。

5 のセットで

白菜チャプチェ

調理 10分
フライパン調理

材料（1〜2人分）

白菜 / ニラ / もやしセット
　…⅓量
豚ひき肉…200g
乾燥春雨…40g
A　醤油…大さじ2
　　砂糖…大さじ1.5
　　オイスターソース
　　　…小さじ1
サラダ油…適量
糸とうがらし…好みで

作り方

1　春雨は湯で戻し、ざるに上げて水気を切る。
2　フライパンに油を熱し、豚ひき肉を入れて中火で炒める。余分な脂が出てきたらキッチンペーパーでふき取る。
3　2に冷凍野菜を加えて強火にし、炒め合わせる。
4　1とAを加え、水分がほどよく飛ぶまで炒める。糸とうがらしをトッピングする。

白菜ニラもやしのツナ和え

調理 10分　電子レンジ調理

材料（1〜2人分）

白菜 / ニラ / もやしセット
　…⅓量
A　ツナ缶（油漬けタイプ）
　　…½缶
　　オイスターソース…小さじ1
　　砂糖…小さじ½

作り方

1. 耐熱皿に冷凍野菜をのせ、ふわりとラップをして、500Wの電子レンジで8分加熱する。
2. ボウルにAを入れて混ぜ合わせ、※メモ1 しっかりと水気を切った1を加えて和える。

メモ1：ツナ缶の油
うまみがあるのでツナ缶の油も一緒に入れます。

野菜中華スープ

調理 5分　片手鍋調理

材料（2人分）

白菜 / ニラ / もやしセット…⅓量、卵…1個、A（水…300mL、中華スープの素…小さじ1.5、醤油…小さじ1）、いり金ごま…好みで

作り方

1. 鍋にAを入れて強火にかける。卵はボウルに割り入れ、溶きほぐす。
2. 沸騰したら冷凍野菜を入れ、フタをする。煮立ったら中火にし、2分ほど煮る。
3. 溶き卵をまわし入れ、卵がほどよく固まったら火を止める。好みでいり金ごまを加える。

のセットで

鶏肉とパプリカの甘酢あん

調理
10分

フライパン調理

材料（1〜2人分）

A 醤油マヨからあげ
　（P.108）…4〜5個
　パプリカミックス…⅓量
B 穀物酢…大さじ1
　砂糖…大さじ1
　醤油…小さじ2
サラダ油…適量

作り方

1. フライパンに油を熱し、凍ったままのAを入れてフタをし、中火で5分ほど加熱する。※メモ1
2. フタを取ってBを加え、ほどよく水分が飛ぶまで炒める。

メモ1：焦げないように注意する
焦げつかないように、途中でフタをしたままフライパンをゆすります。火が強すぎる場合は火を弱めてください。

メモ2：からあげは市販品でも
からあげは、スーパーなどで売っている惣菜のものでも作れます。

パプリカガーリック炒め

調理 **10分** フライパン調理

材料（1〜2人分）

パプリカミックス…⅓量
ソーセージ…3本
にんにく…1かけ
A 　顆粒コンソメ…小さじ⅓
　　ローズマリー…好みで
サラダ油…適量

作り方

1 ソーセージは1cm幅に切る。にんにくはみじん切りにする。
2 フライパンに油を熱し、中火で1を炒める。
3 強火にし、パプリカミックス、Aを入れ、炒め合わせる。

パプリカのトマトスープ

調理 **10分** 片手鍋調理

材料（2人分）

パプリカミックス…⅓量
トマトソース（冷凍）（P.118）
　…¼量
水…200mL
顆粒コンソメ…小さじ½

作り方

1 鍋にすべての材料を入れてフタをし、強火にかける。※メモ1
2 煮立ったらフタを取り、混ぜながら溶かし、弱〜中火で4〜5分煮る。

メモ1：トマトソース

冷凍したトマトソースは袋の上から手で簡単に割れるので、溶けやすいように割ってから入れるとよいです。冷凍のものがない場合は市販のトマトソースでも作れます。塩で味を調整してください。

> コラム2

市販の冷凍食品を上手にストック

冷凍野菜や冷凍食材も、ごはん作りを助けてくれる強い味方になります。
冷凍野菜は、下ごしらえもいらず、生野菜を買うより安いときもあるので、
選択肢に加えています。

冷凍コーン

コーンバターをはじめ、いろいろなレシピに使える冷凍コーン。できるだけ切らさないようにしている食材のひとつ。缶詰も使いますが、使いたい分だけ使えるのがよいです。

冷凍えだまめ

解凍してそのまま食べるのはもちろん、サラダのいろどりや、おかずに入れるなど、少量使うことも多い食材です。夏場は生のものをゆでて使うこともありますが、冷凍なら季節を問わず手に入って便利です。

冷凍さやいんげん

商品によって、水っぽくならず自分で冷凍するよりもおいしいものもあります。お好みで使い分けるのがおすすめです。

冷凍オクラ

下ごしらえをしたカットオクラを自分で冷凍するのは少し手間がかかるので、市販のものを使ってもよいと思います。

冷凍ほうれん草

使用頻度が高い冷凍青菜。ほうれん草ならどこでも手に入りやすく、凍ったまま調理できて便利です。使いきりタイプのものも売られていて、あと1品作りたいときにも助かります。

冷凍うどん/そば

ごはんを切らしてしまったとき、簡単に麺類を食べたいときにも活躍。冷凍のうどんはコシがあり、乾麺や袋麺とはまた別のおいしさがあります。

CHAPTER
03
Meal prep of 10 days

＼まとめて冷凍／

作り置き
10日分

時間があるときまとめて作る冷凍作り置き16品と、その作り置きを組み合わせた10献立をご紹介します。平日1食を冷凍献立にしたら、2週間分。冷凍庫が充実しているだけで毎日のごはん作りが楽になります。

\ 10日間の /
冷凍作り置き おかず 16 品

冷凍ものだけでまとめて作り置きするなら、おかずばかりにせず、下ごしらえをした食材を組み合わせると、まとめて作るときの負担も減ります。1日1食を冷凍作り置き献立にする場合の10日分を紹介していますので、冷凍おかず、下ごしらえ済み冷凍食材をどのように組み合わせるのかの参考としてもご覧ください。

醤油マヨからあげ
解凍してもやわらかく仕上がるように、マヨネーズ・砂糖・塩で下味をつけた、冷凍にぴったりなからあげです。

鶏なすピーマンみそ炒め
ごはんによく合う甘辛みそ炒め。なすやピーマンは冷凍向きの野菜なので炒め物などによく登場します。

プレーンミートボール
シンプルなミートボールは、お好みのソースでいただきます。カレーやスープ、鍋の具にも使えます。

豚肉のだし醤油漬け
シンプルなだし醤油味でアレンジしやすく、ごはんにのせればボリュームのある豚丼風に。

手羽元の韓国風
おかずにはもちろん、おつまみにもなる手羽元のグリル。味つけだけして冷凍すれば、焼きたてのジューシーさを楽しめます。

鮭のみそ漬け
魚の切り身は冷凍向きの食材。コクのあるみそ床は、さわらなど、淡白な味の魚でもお試しください。

かぼちゃのだし煮
ほっくりおいしい定番おかず。煮物にして冷凍するには水分が多い国産かぼちゃは不向き。西洋かぼちゃを使って、あまり大きく切りすぎないことがポイントです。

きんぴられんこん
しゃきしゃきの根菜を使ったきんぴらも、食感が変わりにくく冷凍向き。唐辛子を入れてピリ辛にしても。

根菜スープ煮
そのままスープにしてもよし、根菜を何かの具に使うもよし。冷凍庫にあると安心できる料理のベースです。

ピーマンとツナの卵炒め
やさしい味の炒め物。色味がきれいなのでお弁当のおかずにも便利です。

基本の炒り卵
何にでも使える炒り卵。卵が余りそうだなというときに作っておくと、何かと重宝します。

うまみたっぷりトマトソース
定番のトマトソース。これだけでソースとして使うのはもちろん、いろいろな料理のベースにもなります。

ゆでチンゲン菜
栄養価の高い青菜は冷凍庫に必ず入れています。食べやすく切っておくと使いやすいです。

冷凍いんげん
いろどりにもなるいんげん。半分の長さに切って冷凍してもよいです。

レンジ大根
レンジ加熱してから冷凍しておくと、さっと使えて便利。大根が少し余ったときにもおすすめです。

パプリカミックス
これがあれば、料理の華やかさが一気にアップ。できるだけ大きさをそろえて切るのがポイントです。

まとめて作り置きの流れ

複数のおかずをまとめて作り置きするときは、いくつかのカテゴリーに分けて順に作っていくと作業効率がよいです。時間がかかるものを先に、まとめられるものはできるだけまとめて。一度に作るのがむずかしい場合は、1〜2まで、または2だけ前日にと、作業を分けて作っても。

1
⏱ 40分

ゆでる / 煮る調理を先にします

煮込み時間のかかるトマトソースから作りはじめます。
その横でゆでるもの、煮物を順に調理します。

コンロ1　トマトソース（30〜40分煮る）
コンロ2　ゆでチンゲン菜 → かぼちゃのだし煮 → 根菜スープ煮

2
⏱ 25分

冷凍メインおかずの下ごしらえ / 下味おかずを漬けます

ミートボールの肉だね作り、からあげの下味漬け、冷凍下味おかず（3品）を漬ける、みそ炒め用の鶏肉を切るなどをまとめてやります。
冷凍保存用ポリ袋を4つ用意し調味料を入れて準備し、下ごしらえをした肉と魚をどんどん入れていくと作業がスムーズです。
肉だねはいったん冷蔵庫で冷やし、からあげ用、みそ炒め用の鶏肉はそのまま室温に戻します。冷凍下味おかずは冷凍庫へ。

3
⏱ 30分

副菜のフライパン調理 / カット野菜を作ります

まな板などをきれいにしてから、副菜作りを再開します。
きんぴらやピーマンとツナの卵炒めを作る際に、切るだけで冷凍する、パプリカミックスやにんじんをついでに切り、いんげんの下ごしらえをします。

4
⏱ 25分

冷凍おかずを調理します

下ごしらえをしていたミートボールを、オーブンで焼きます。
フライパンでは、からあげ → みそ炒めの順に調理します。

合計 120分で完成！ あとは冷まして冷凍庫へ！

醤油マヨからあげ

調理 20分　費用 409円　フライパン調理　お弁当に

冷凍のポイント
完全に冷めたら冷凍保存用ポリ袋に入れ、空気を抜いて凍らせます。

→

解凍のポイント
オーブンやトースターで再加熱すると、余分な油が落ちてカラッとした仕上がりになります。私は200度のオーブンで8〜10分加熱しています。

※表示の調理時間は、肉の漬け時間を含まない目安の時間です。

材料（保存容器大1個分）

- 鶏もも肉…400g
- A
  - マヨネーズ…大さじ1
  - 醤油…大さじ½
  - 砂糖…小さじ1
  - 塩…小さじ½
- 片栗粉 メモ1
  …大さじ3〜4
- 揚げ油…適量

作り方

1. 鶏肉は余分な脂を取り除き、フォークなどで数カ所穴をあけ、一口大に切る。ポリ袋に鶏肉、Aを入れ、まんべんなくもみ込み、20分〜ひと晩漬けておく。✵メモ2
2. 鶏肉を袋から出し、軽く水気を切る。バットに片栗粉を広げ、鶏肉に薄くまんべんなくまぶす。
3. フライパンに多めの油を熱し、中火で2を揚げ焼きにする。

メモ1：片栗粉を使う
小麦粉だと温め直したときにベチャッとしてしまうので、からあげを作り置きするときは小麦粉ではなく片栗粉を使います。

メモ2：下ごしらえのポイント
フライパンで揚げ焼きにするので、あまり大きく切らないほうがよいです。冷たいまま調理すると火の通りにムラが出るので、冷蔵庫でひと晩漬け込む場合は、焼く15〜30分前に冷蔵庫から出して室温に戻しておきます。

鶏なすピーマンみそ炒め

- 調理 15分
- 費用 464円
- フライパン調理
- お弁当に

冷凍のポイント
完全に冷めたら冷凍保存用ポリ袋に入れて平らにし、空気を抜いて凍らせます。

→

解凍のポイント
ポリ袋の上から簡単に割れるので、使いたい分だけ取り出せます。耐熱皿に入れ、ふわりとラップをして、電子レンジで加熱します。

材料（保存容器大1個分）

- 鶏もも肉…300g
- なす…2本
- ピーマン…4個
- A
  - みりん…大さじ2
  - みそ…大さじ1.5
  - オイスターソース…大さじ1
- サラダ油…適量

作り方

1. 鶏肉は室温に戻す。※メモ1 余分な脂を取り除き、フォークなどで数カ所穴をあけ、1.5cmの角切りにする。ピーマンはへたと種を取り、1.5cmの角切りにする。Aはボウルに入れて混ぜ合わせる。
2. フライパンに油を熱し、鶏肉を入れ、中火で4分ほど焼く。
3. フライパンの余分な油を軽くキッチンペーパーでふき取り、ピーマンを加えて炒め合わせる。なすはへたを切り落とし、1.5cmの角切りにする。※メモ2
4. 鶏肉、ピーマンをフライパンの端によせ、あいたスペースになすを入れ、油をからめながら炒める。※メモ3
5. Aを加え、全体に味がいきわたるよう炒め合わせる。

メモ1：鶏肉の下ごしらえ
火の通りにムラが出ないよう、鶏肉は室温に戻します。

メモ2：なすは炒める直前に切る
なすは変色を防ぐため炒める直前に切ってすぐにフライパンに入れます。ピーマンを炒めつつ並行してなすを切る、というイメージです。

メモ3：炒めるときのポイント
なすをフライパンに入れたら、まずは油をからませます。これは変色防止のためと、適度に油をまとったほうがジューシーでおいしいからです。なすに油がからんだら、調味料を入れて全体を炒め合わせます。油が足りない場合は、追加してください。

プレーンミートボール

- 調理 30分
- 費用 537円
- オーブン調理
- お弁当に
- アレンジしやすい

冷凍のポイント
バットに並べぴっちりとラップをして、いったん凍らせます。冷凍保存用ポリ袋に移し空気を抜いて保存します。

解凍のポイント
食べる直前に、必要な個数を耐熱皿に入れ、ふわりとラップをして、電子レンジで加熱します。

※表示の調理時間は、肉だねを寝かせる時間を含まない目安の時間です。

材料
（冷凍用ポリ袋中2枚分）

豚ひき肉…500g
たまねぎ…½個（約150g）
A　パン粉…¾カップ
　　牛乳…60mL
B　塩…小さじ½
　　粗びき黒こしょう
　　　…少々
　　ナツメグ…少々

作り方

1. 計量カップなどにAを入れてかき混ぜ、パン粉をふやかす。たまねぎはみじん切りにする。
2. ボウルに豚ひき肉を入れ、粘りが出るまでこねる。1とBを加え、さらによくこねる。ボウルにラップをして、冷蔵庫で30分〜1時間寝かせる。※メモ1
3. オーブンを200度に予熱する。2を直径4cmくらいに丸め、クッキングシートをしいた天板に並べる。※メモ2
4. 3を200度のオーブンで15分ほど焼く。

メモ1：肉だね作りのポイント
肉だねをこねたら、冷蔵庫で少なくとも30分〜1時間くらいは寝かせるとよいです。味がなじみ、成形もしやすくなります。

メモ2：成形のポイント
私は小さめのアイスクリームディッシャーを肉の成形用にして肉だねをすくっています。均等にすくえるので重宝しています。手のひらでやさしく転がしながら丸めます。焼くと縮むので、少し大きめに成形します。

豚肉のだし醤油漬け

冷凍前 調理 **5分／10分**　費用 **509円**　フライパン調理　アレンジしやすい

冷凍のポイント
調味料に漬け込んだ状態で冷凍保存用ポリ袋に入れ、空気を抜いて凍らせます。

→

解凍のポイント
食べる直前に凍ったままフライパンで焼きます。

材料
（冷凍用ポリ袋中1枚分）

豚もも薄切り肉
　※メモ1…300g
たまねぎ…¼個（約80g）
A　みりん…大さじ2
　　白だし…大さじ2
　　砂糖…大さじ1.5
　　醤油…大さじ1.5
さやいんげん…好みで
サラダ油…適量

作り方

冷凍前
1　豚肉はフォークなどで数カ所穴をあけ、適当な大きさに切る。たまねぎは薄切りにする。
2　冷凍保存用ポリ袋にAを入れて混ぜ合わせ、1を加えてからめる。
3　空気を抜いて平らにし、ポリ袋の口を閉じて冷凍する。※メモ2

調理
1　フライパンに油を熱し、ポリ袋から取り出し、凍ったままフライパンに入れる。
2　弱めの中火で5〜6分、途中でほぐしながら炒める。
3　好みで2cm幅に切ったいんげんを加え、1分ほど炒め合わせる。

メモ1：豚肉の種類
お好みの豚肉を使用してください。もも肉はあっさりしていて食べやすいです。

メモ2：まんなかで分ける
袋の口を閉じた後に、袋の上から真ん中でふたつに分けるようにして冷凍すると、2回に分けて取り出しやすいです。

手羽元の韓国風

冷凍前 調理 5分／20分　費用 456円　オーブン調理

冷凍のポイント
調味料に漬け込んだ状態で冷凍保存用ポリ袋に入れ、空気を抜いて凍らせます。

解凍のポイント
食べる直前に凍ったままオーブンで焼きます。

材料
（冷凍用ポリ袋中1枚分）

鶏手羽元…10本
A　酒…大さじ2
　　みりん…大さじ2
　　醤油…大さじ2
　　砂糖…大さじ1
　　コチュジャン
　　　…大さじ½ ※メモ1

作り方

冷凍前
1. 手羽元はフォークなどで数カ所穴をあける。
2. 冷凍保存用ポリ袋にAを入れてしっかりと混ぜ合わせ、手羽元を加え、袋の上からまんべんなくもみ込む。
3. 手羽元が重ならないようにし、空気を抜いてポリ袋の口を閉じ、冷凍する。

調理
1. オーブンは200度に予熱する。手羽元をポリ袋から取り出し、冷凍のままクッキングシートをしいた天板に置く。※メモ2
2. 10分焼き、1個ずつに分けて裏返し、さらに10分焼く。※メモ3

メモ1：辛さはお好みで
コチュジャンの量はお好みで調整してください。

メモ2：そのまま焼く
手羽元どうしが凍ってくっついていても、途中でほぐせるので、そのまま焼いて大丈夫です。

メモ3：焼き加減について
皮目にこんがりと焼き色がつくまで焼きます。焦げないよう、焼き時間は合計20分を目安にしてときどき様子を見てください。魚焼きグリルやトースターで作る場合は焼き時間や火力などがオーブンとは違うので、こまめに様子を見てください。

鮭のみそ漬け

冷凍前 10分 / 調理 15分 / 費用 283円 / オーブン調理 / お弁当に

冷凍のポイント
調味料に漬け込んだ状態で冷凍保存用ポリ袋に入れ、空気を抜いて凍らせます。

解凍のポイント
食べる直前に凍ったままオーブンで焼きます。

材料
（冷凍用ポリ袋中1枚分）

鮭…3切れ（約300g）
A │ みそ…大さじ3
　│ みりん…大さじ2
　│ 酒…大さじ1
　│ 醤油…小さじ1

作り方

冷凍前

1. 鮭は骨を取り除き、適当な大きさに切る。※メモ1
2. 冷凍保存用ポリ袋にAを入れてしっかりと混ぜ合わせ、鮭を加える。やさしくもみ込み、鮭が重ならないようにして、空気を抜いて口を閉じ、冷凍する。

調理

1. 鮭をポリ袋から取り出し、クッキングシートをしいた天板に皮目を上にして並べる。200度のオーブンで12〜15分ほど焼く。

メモ1：鮭の下ごしらえ
骨抜きには、普通のピンセットより専用の骨抜きを使ったほうがよいです。身を崩さずきれいに抜けます。私はおおまかに半分に切っています。お好みで切らなくてもよいです。

かぼちゃのだし煮

調理 15分　費用 135円　片手鍋調理　お弁当に

冷凍のポイント
冷めたら冷凍保存用ポリ袋に入れ、空気を抜いて口を閉じ、冷凍します。食べやすい分量を小分けにすると便利です。

材料（保存容器中1個分）

かぼちゃ
　…¼個（約350g）
A　白だし…大さじ1.5
　　みりん…大さじ1
　　砂糖…大さじ1
　　水…50mL

作り方

1　かぼちゃはスプーンなどで種を取り除き、皮をところどころ削ぐようにむき、一口大に切る。※メモ1

2　鍋にかぼちゃを皮目を下にしてしき詰める。Aを加え、フタをして火にかける。

3　煮立ったらフタを取って落としブタをし、弱火で皮に竹串がすっと通るくらいまで煮る。※メモ2

メモ1：切るときのポイント
切るのが大変なときは、少し電子レンジで加熱すると、皮がやわらかくなって切りやすくなります。お弁当に入れる場合は、少し小さめに切っておくと弁当箱にも入れやすいです。

メモ2：煮るときのポイント
クッキングシートの真ん中に切り込みを入れ、それを落としブタとして使っています。冷凍するときは、煮くずさないよう、気持ち固めに仕上げると、解凍したときに食感がよくなります。完成後は、粗熱が取れるまで鍋にフタをし、かぼちゃの表面が乾燥しないようにします。冷める過程で味もしみ込みます。

きんぴられんこん

- 調理 15分
- 費用 197円
- フライパン調理

冷凍のポイント
冷めたら小分けにしてラップで包み、冷凍保存用ポリ袋に入れ、平らにし空気を抜いて凍らせます。冷凍庫内の空気に触れさせないようにすることが大事です。

解凍のポイント
耐熱皿に出し、ふわりとラップをして電子レンジで加熱します。冷蔵庫で自然解凍してもよいです。

材料（保存容器中1個分）
- れんこん…1節（約200g）
- にんじん…小1本（約100g）
- ごま油…大さじ1
- A みりん…大さじ2
-   酒…大さじ1
- 醤油…大さじ1
- みりん…大さじ1
- いりごま…適量
- 輪切り唐辛子…好みで

作り方
1. れんこんは皮をむいて2〜3mm幅の半月切りにし、水にさらす。にんじんは皮をむいて細切りにする。※メモ1
2. フライパンにごま油を熱し、水気を切った1を入れ、中火で全体に油がまわるよう炒める。
3. Aを入れ、ほどよく汁気が飛ぶまで炒め合わせる。醤油を入れ、全体に味をいきわたらせる。
4. 火を弱め、みりんを入れて全体に照りを出す。いりごま、好みで唐辛子をふって、汁気が飛ぶまで炒め合わせる。※メモ2

メモ1：れんこんの切り方
れんこんは小さいものは輪切り、大きいものはいちょう切りなど、食べやすい大きさに切ってください。変色しないよう、切ったらすぐに水にさらします。にんじんは、れんこんと同じくらいの長さ、厚さに切ります。見た目や食感がよくなります。

メモ2：お好みの風味で
火を止めたあと、仕上げにごま油を少々かけると風味が増します。お好みでどうぞ。

根菜スープ煮

調理 30分　費用 192円　片手鍋調理　アレンジしやすい

冷凍のポイント
冷めたら冷凍保存用ポリ袋に入れ、平らにし空気を抜いて凍らせます。

解凍のポイント
ポリ袋の上から割れるので、使いたい分だけ取り出せます。耐熱皿に入れ、ふわりとラップをして、電子レンジで加熱します。

材料（保存容器中1個分）

大根…200g
にんじん…1本（150g）
セロリの茎…1本（100g）
A　水…200mL
　　顆粒コンソメ
　　　…大さじ1

作り方

1. 大根、にんじんは皮をむき、1.5cmの角切りにする。セロリは筋を取り、大きさをそろえて切る。
2. 鍋に1とAを入れて火にかけ、煮立ったらフタをして、弱火で20分ほど煮る。
   ※メモ1

メモ1：水分を飛ばす
アレンジしやすく、冷凍もしやすくなるように水分を飛ばし、スープを濃縮させます。

ピーマンとツナの卵炒め

調理 10分 ／ 費用 190円 ／ フライパン調理 ／ お弁当に

冷凍のポイント
冷めたら冷凍保存用ポリ袋に入れ、なるべく平らにし、空気を抜いて口を閉じて冷凍します。

解凍のポイント
袋の上から手で割り、必要な分を耐熱皿に出します。ふわりとラップをして電子レンジで加熱します。

材料（保存容器大1個分）
ピーマン
　…1袋（4〜5個）
ツナ缶（油漬けタイプ）
　…1缶
卵…2個
A　砂糖…小さじ2
　　醤油…小さじ2
サラダ油…適量

作り方
1　ピーマンはへたと種を取り、縦に1cm幅に切る。卵はボウルに割り入れて溶きほぐす。
2　フライパンに油を熱し、ピーマンを入れ、中火で少ししなっとするくらいまで炒める。※メモ1
3　2にツナを缶汁ごと加え、さっと炒め合わせる。Aを加え、さらに炒める。※メモ2
4　ピーマン、ツナをフライパンの端によせ、あいたスペースに卵を入れ、そぼろ状になるまで炒める。※メモ3

メモ1：ピーマンの炒め方
フライパンに入れたら油をからませ、あとはあまり動かさずに表面がうっすら焼けるくらいまで炒めます。

メモ2：ツナ缶の油
うまみがあるのでツナ缶の油も一緒に入れて炒めます。卵がその油を吸っておいしく仕上がります。

メモ3：卵の炒め方
フライパンにスペースをつくり、卵を一気に入れます。卵が半熟状に固まってきたら、菜箸で軽くかき混ぜます。ゆるいそぼろ状になったら、ピーマン、ツナと炒め合わせます。

基本の炒り卵

調理 5分 / 費用 52円 / フライパン調理 / お弁当に / アレンジしやすい

冷凍と解凍のポイント
冷めたら冷凍保存用ポリ袋に平らに入れて冷凍。いったん凍らせてから袋に入れて冷凍しても。解凍は容器に移してラップをして電子レンジで。

メモ1：炒り卵のポイント
卵がこびりつかないよう、フライパンはできればフッ素樹脂加工（テフロン）のものがよいです。菜箸はできれば4～5本をたばねてお使いください。細かいそぼろを。菜箸でくるくると円を描くようにかき混ぜつづけて、そぼろ状にします。火を止めたあとも、しばらくかき混ぜつづけます。予熱で火が通ります。

材料（保存容器中1個分）
- 卵…3個
- A マヨネーズ…大さじ1
- 　砂糖…大さじ½
- 片栗粉、水…各小さじ½

作り方
1. 小さめのボウルに片栗粉と水を入れて混ぜる。
2. 別のボウルに卵を割り入れ、1とAを加えてしっかりと溶きほぐす。
3. フライパンに入れ、弱火～弱めの中火にかける。菜箸で手早く全体をかき混ぜ、細かいそぼろ状にする。※メモ1

うまみたっぷりトマトソース

調理 40分 / 費用 342円 / 大きめの鍋かフライパン調理 / アレンジしやすい

冷凍と解凍のポイント
冷凍保存用ポリ袋に入れて空気を抜き冷凍。解凍は使う量を割り耐熱皿またはボウルに移してラップをして。

メモ1：油の種類
油特有の匂いがない、米油を使っています。オリーブオイルやサラダ油でもよいです。

メモ2：トマト缶
トマト缶は汁ごと使います。好みでカットでも、ホールをつぶして使っても。缶詰や紙パックの内側に残ったトマトや汁は、水を少し入れてふって一緒に加えています。水のかわりに、風味づけで白ワインを使ってもよいです。

材料（保存容器中1～2個分）
- トマト缶…2缶
- たまねぎ…大½個
- にんにく…大2かけ
- ベーコン…4枚
- 油※メモ1…大さじ5
- 塩…小さじ1.5

作り方
1. にんにく、たまねぎはみじん切りにする。ベーコンは1cm幅に切る。
2. 鍋またはフライパンに油を熱し、にんにくを入れる。中火で香りが立つまで炒め、ベーコンを加えて炒める。
3. たまねぎを加え、全体に油がまわるくらいまで炒める。トマト缶、※メモ2 塩を加え、フタをせずに弱～中火で30～40分煮る。

ゆでチンゲン菜

 調理 5分

材料（作りやすい分量）
チンゲン菜…2株
塩…小さじ1

作り方

1. チンゲン菜は水洗いをして水気を切り、2cm幅ほどに切る。鍋にたっぷりの水、塩を入れ、火にかける。
2. 沸騰したらチンゲン菜の茎を入れ、中火で20秒ほどゆで、葉を入れてさらに20秒ほどゆでます。
3. ゆで上がったらざるに上げ、全体をぎゅっとしぼって水気を切る。
4. 冷凍保存用ポリ袋に入れ、空気を抜いて口を閉じ、冷凍する。

レンジ大根

作り方
P.88 参照

冷凍いんげん

 調理 5分

材料（作りやすい分量）
さやいんげん…150g

作り方

1. いんげんは水洗いをして、へたと、かたい筋がある場合は取り除く。
2. 余分な水分をキッチンペーパーでしっかりとふき取る。冷凍保存用ポリ袋に入れて空気を抜いて口を閉じ、冷凍する。

パプリカミックス

作り方
P.91 参照

+α せん切りにんじん

余裕があれば、にんじんをせん切りにして冷凍または冷蔵しておくといろどりも増して便利です。

作り置きを使ってアレンジ献立

KONDATE 1

1. 醤油マヨからあげ
2. きんぴられんこん
3. いんげんのトマトソース

しっかり味のからあげがメインの献立。野菜にトマトソースをかけるだけで立派な小鉢に早変わり。

〔 食べるまでの流れ 〕

1 醤油マヨからあげをオーブンで温める（P.108）
2 きんぴられんこんを電子レンジで温める（P.115）
3 いんげんのトマトソースがけをフライパンで作る

---

3 いんげんのトマトソース

調理 5分

材料（1人分）

冷凍いんげん…¼量（P.119）
トマトソース（P.118または市販のもの）
　…⅛量
A ｜ 塩、粗びき黒こしょう
　｜ …各適量
オリーブオイル…適量

作り方

1 フライパンにオリーブオイルを熱し、いんげんを凍ったまま炒め、※メモ1 A をふる。
2 火が通ったいんげんを皿に移す。
3 冷凍トマトソースをフライパンに割り入れ、中火で炒めながら溶かす。市販のものの場合は、表示通りにあたためる。
4 3 を 2 にかける。

メモ1：お好みで切る
いんげんはお好みの長さに切ってもよいです。

KONDATE 2

1. 鶏なすピーマンみそ炒め
2. 大根のゆずこしょう和え
3. チンゲン菜とにんじんのおひたし

みその風味が食欲をそそるメインおかずにさっぱりとした小鉢が2品。ごはんが進むこと間違いなし!

〔食べるまでの流れ〕

1 チンゲン菜とにんじんのおひたしを作る
2 大根のゆずこしょう和えを作る(P.89)
3 鶏なすピーマンみそ炒めを電子レンジで温める(P.109)

3 チンゲン菜とにんじんのおひたし

調理 5分

材料(1人分)

ゆでチンゲン菜…1/3量
　(P.119)
にんじん…少々
A　白だし…小さじ1
　　削り節…少々

作り方

1　耐熱皿に冷凍したチンゲン菜とせん切りにしたにんじんをのせ、ふわりとラップをして、500Wの電子レンジで2分加熱する。
2　1の水気を軽く切り、※メモ1 Aを加えて和える。

メモ1:水切りは軽く
おひたしにするので、きっちりと水気を切る必要はありません。

KONDATE 3

1. 豚肉のだし醤油漬け
2. ピーマンとツナの卵炒め
3. 根菜スープ煮

しっかり味の豚肉は、炒めるときに冷凍してあるいんげんを加えていろどりアップ。

〔食べるまでの流れ〕

1 豚肉のだし醤油漬けをフライパンで炒める（P.111）
2 ピーマンとツナの卵炒めを電子レンジで温める（P.117）
3 根菜スープ煮を電子レンジで温める（P.116）

KONDATE 4

1. 鮭のみそ漬け
2. かぼちゃのだし煮
3. チンゲン菜と豆腐のみそ汁

ほっとする和食献立も、鮭を焼いている間にさっとみそ汁を作れば10分ほどでできあがります。

〔食べるまでの流れ〕

1　鮭のみそ漬けをオーブンで焼く（P.113）
2　みそ汁を鍋で作る
3　かぼちゃのだし煮を電子レンジで温める（P.114）

3　チンゲン菜と豆腐のみそ汁

調理 10分

材料（2人分）

ゆでチンゲン菜、
せん切りにんじん（P.119）
　…各適量
絹ごし豆腐…80g
A　水…400mL
　　和風だしの素…約4g
みそ…大さじ2

作り方

1　鍋に凍ったままのチンゲン菜とにんじん、Aを入れる。フタをして弱〜中火にかけ、4分ほど煮る。
2　1.5cm角に切った豆腐を入れる。
3　火を止めてみそを溶き入れ、再び火にかけ、沸騰直前に火を止める。

KONDATE 5

1. ミートボール（BBQソース）
2. ピーマンとツナの卵炒め
3. パプリカトマトスープ

家族みんなが喜ぶ甘辛味のミートボール。卵の黄色に
トマトの赤と、食欲をそそるラインナップ。

〔食べるまでの流れ〕

1 ピーマンとツナの卵炒めを電子レンジで温める (P.117)
2 鍋でトマトスープを作る (P.103)
3 ミートボールを電子レンジで温める
4 BBQソースを作りミートボールにからめる

1 ミートボール BBQ ソース

調理 10分

材料 (2人分)

プレーンミートボール(P.110)
　…5〜6個
A 中濃ソース…大さじ1.5
　トマトケチャップ
　　…大さじ1
　にんにくチューブ…適量
パセリ…好みで

作り方

1 ミートボールは耐熱皿に並べ、ふわりとラップをして、500W の電子レンジで3分ほど加熱する。
2 耐熱ボウルにAを混ぜ合わせ、1を加え、ラップをせずに 500Wの電子レンジで30秒〜1分加熱する。
3 ミートボールにソースをよくからめて器に盛る。好みでパセリ をかける。

KONDATE 6

1. 鶏肉とパプリカの甘酢あん
2. 大根の甘みそ和え
3. チンゲン菜の卵スープ

からあげと冷凍パプリカを組み合わせて中華風に仕上げました。お弁当にもおすすめです。

1

2

3

〔 食べるまでの流れ 〕

1 大根の甘みそ和えを電子レンジで作る（P.88）
2 鶏肉とパプリカの甘酢あんを作る（P.102）
3 卵スープを作る

3 チンゲン菜の卵スープ

調理 5分

材料（2人分）

ゆでチンゲン菜（P.119）
　…1/3量
せん切りにんじん
　（生または冷凍）…少々
卵…1個
A　中華スープの素
　　　…小さじ1.5
　　水…300mL
冷凍コーン…好みで
B　片栗粉…小さじ1
　　水…小さじ1

作り方

1 鍋にAを入れ、火にかける。卵はボウルに割り入れ、溶きほぐす。Bは混ぜ合わせる。
2 鍋が沸騰したら冷凍したチンゲン菜、にんじん、好みでコーンを入れ、中火で野菜がやわらかくなるまで煮る。
3 火を弱め、Bを混ぜながら加え、溶き卵をまわし入れる。※メモ1 卵がほどよく固まったら火を止める。

メモ1：溶き卵の入れ方
卵を菜箸につたわせるようにするか、もしくは穴あきお玉を使い、少しずつまわし入れます。卵を入れたら、少し固まるまで動かさないようにします。固まってきたら、やさしくかき混ぜ、火を止めます。

KONDATE 7

1. 手羽元の韓国風
2. きんぴられんこん
3. 根菜の和風コンソメスープ

ボリュームのある手羽元は、コチュジャンの風味がポイント。おつまみとしてもおすすめの献立です。

〔食べるまでの流れ〕

1 手羽元の韓国風をオーブンで焼く (P.112)
2 鍋でスープを作る
3 きんぴられんこんを電子レンジで温める (P.115)

3 根菜の和風コンソメスープ

調理 5分

材料（1人分）
根菜スープ煮 (P.116)
　…¼ 量
炒り卵 (P.118)
　…適量
醤油…小さじ½
湯…50〜80mL ※メモ1
小ねぎ（小口切り）
　…好みで

作り方
1 冷凍した根菜スープ煮、炒り卵、醤油を耐熱容器 ※メモ2 に入れ、ふわりとラップをし、500Wの電子レンジで4分ほど加熱する。
2 1に湯をそそぐ。好みで小ねぎを散らす。

メモ1：湯の量
お好みの濃さに合わせて、湯の量を調整してください。

メモ2：スープカップでも
電子レンジ可のスープカップを使ってもよいです。

KONDATE 8

1. 鮭そぼろ丼
2. 大根のにんにく炒め
3. チンゲン菜の塩昆布和え

定番のそぼろ丼も、鮭で作ればいろどりあざやか！
栄養のバランスも取れる献立です。

〔食べるまでの流れ〕

1 鮭を焼く
2 チンゲン菜の塩昆布和えを電子レンジで作る
3 大根のにんにく炒めをフライパンで作る（P.89）
4 ごはん、炒り卵を温め、丼を盛り付ける

1 鮭そぼろ丼（鮭のみそ漬け） 調理 20分

材料（1人分）

鮭のみそ漬け（P.113）…1〜2切れ、ごはん…1杯分、※メモ1 炒り卵（P.118）…½量、青じそ…2枚

作り方

1 鮭をポリ袋から取り出し、クッキングシートをしいた天板に皮目を上にして並べる。200度のオーブンで12〜15分ほど焼き、身をほぐす。
2 炒り卵は耐熱皿に入れてふわりとラップをして、500Wの電子レンジで1分20秒加熱する。
3 器にごはん、青じそ、1、2をのせる。

メモ1：ごはんはお好みで
ごはんはお好みで酢飯にし、いりごまを混ぜてもおいしいです。

3 チンゲン菜の塩昆布和え 調理 5分

材料（1人分）

ゆでチンゲン菜（P.119）…⅓量、A（塩昆布…3g、醤油…少々、いり金ごま…少々）

作り方

1 耐熱皿に冷凍したチンゲン菜をのせ、ふわりとラップをして、500Wの電子レンジで1分30秒加熱する。
2 1の水気をしっかり切り、Aを加えて和える。

KONDATE 9

1. ミートボールのトマトソース煮
2. いんげんと炒り卵のごま和え
3. パプリカガーリック炒め

ボリュームのあるおかずがそろっているので、育ち盛りの子どもや腹ペコな日にぴったり。

〔食べるまでの流れ〕

1 ミートボールのトマトソース煮を作る
2 パプリカガーリック炒めをフライパンで作る(P.103)
3 いんげんと炒り卵のごま和えを作る

1 ミートボールのトマトソース煮　調理10分

材料（1人分）

プレーンミートボール (P.110)…5〜6個、トマトソース (P.118)…⅛量、パセリ…好みで

作り方

1 冷凍したミートボールとトマトソースは、耐熱皿に並べ、ふわりとラップをして、500Wの電子レンジで4分加熱する。
2 ラップを取り、ソースをからめたら再び500Wの電子レンジで30秒〜1分加熱する。好みでパセリを散らす。

3 いんげんと炒り卵のごま和え　調理5分

材料（1人分）

冷凍いんげん (P.119)…½量、炒り卵 (P.118)…¼量、A (すり金ごま…小さじ1、砂糖…小さじ½、醤油…小さじ½)

作り方

1 耐熱皿に冷凍したいんげんを並べ、ふわりとラップをして、500Wの電子レンジで30秒〜1分加熱する。
2 別の耐熱皿に冷凍した炒り卵を入れ、ふわりとラップをして、500Wの電子レンジで30秒〜1分加熱する。
3 ボウルにAを入れ、混ぜ合わせる。水気を切った1、2を加えて和える。

KONDATE 10

1. 豚肉のだし醤油卵とじ
2. かぼちゃのだし煮
3. 根菜のスープ煮

ごはんにのっけて丼にして食べてもおいしい、やさしい味の卵とじ。スープを合わせれば体も温まります。

〔食べるまでの流れ〕

1　豚肉のだし醤油卵とじを作る
2　かぼちゃのだし煮を電子レンジで温める（P.114）
3　根菜のスープ煮を電子レンジで温める（P.116）

1 豚肉のだし醤油卵とじ

調理 10分

材料（1～2人分）

豚肉のだし醤油漬け
　（P.111）…½量
卵…2個
小ねぎ（小口切り）
　…好みで
サラダ油…適量

作り方

1　フライパンに油を熱し、豚肉のだし醤油漬けを凍ったままフライパンに入れる。ボウルに卵を割り入れ、溶きほぐす。
2　弱めの中火で5～6分、途中でほぐしながら炒める。
3　溶き卵をまわし入れ、ほどよく固まるまで炒める。好みで小ねぎを散らす。

上手な解凍のポイント

レンジ解凍の場合……

耐熱皿やボウルに移して解凍

冷凍保存用ポリ袋から取り出したおかずや食材を耐熱皿やボウルに移し、ラップをして電子レンジにかけます。食卓にそのまま出せる器を使えば、洗い物も少なく済みます。器に入れるときはいっぱいにしないで、ゆとりをもってのせます。水分が出ることがあるので、深さのあるものやふちのついている器を使うのがおすすめ。できるだけ均一に、平らになるように置くと、温めのムラが少ないです。中心は特に温まりにくいので、可能であればお皿の中心をあけたり、一度電子レンジから出しやさしく混ぜてから再加熱したりするとよいです。ラップはぴっちりせず、必ずどこかから空気が抜けるようにふんわりと。こうすれば、真空状態になりません。

point　袋から出すコツ

冷凍したおかずが袋にくっついてしまって取り出せない場合は、密封した状態のまま袋ごと流水に軽く当てて、少しだけ溶かすと取り出しやすくなります。

小分けのラップのまま解凍

ゆでほうれん草などラップで小分けにしている食材は、ラップのままで解凍できます。解凍するときは、ラップの端が上にくるように置いて電子レンジにかけます。ラップの端が下に回っていると、解凍したときに出てくる水分がレンジ内にもれてしまいます。

冷蔵解凍の場合……

保存袋ごとバットや保存容器に入れて冷蔵庫へ入れておきます。温めずに食べられるおかずは、食べたい日の前夜あたりに冷蔵庫に移動して解凍することもあります。また下ごしらえした肉や魚などは、冷蔵庫で解凍してから火を通したほうが好みの食感になるので、できるだけ冷蔵庫解凍しています。食べるときにまだ少し凍っていても気にしないで調理しますが、気になるようなら電子レンジに10秒ほどかけて解凍してもよいでしょう。

point　氷水解凍もおすすめ

下ごしらえした肉や魚をおいしく食べたいけど、冷蔵庫で解凍していないときには、氷水を使った解凍もおすすめです。ポリ袋が入るバットやボウルにたっぷりの水と氷を入れ、袋を沈めます。解凍時間は季節や室温によって異なります。手でさわり、ほどよく溶けたら調理します。

point　常温解凍は避けます

常温で解凍すると、水分が多く出ていき、味も食感も悪くなってしまうことが多いです。衛生面のことも考えて、常温解凍はできるだけ避けます。お弁当などに入れる場合もしっかり解凍してから入れ（P.136）、できるだけ食べる前に温めています。

CHAPTER 04 Extra

＼ シンプルで使いやすい、がモットー ／

"冷凍つくおき"の
キッチン紹介

作り置きおかずのある冷蔵庫・冷凍庫の様子から、よく使っているキッチンアイテムまで。"冷凍つくおき"をもっと効率よく楽にするためのキッチンまわりのあれこれをまとめてお見せします。

冷蔵庫と冷凍庫の紹介

"つくおき"を支える冷蔵庫。常備しておきたい食材は週末にまとめて買い
こまごまとした食材などを週に2～3回買い足すパターンが多いです。

冷蔵庫

- 納豆やバターなどの定位置
- 漬け物
- 冷蔵作り置きおかず
- ヨーグルト
- みそはホーローのみそ容器に
- 冷凍に向けて冷やしているおかず
- チルド室にはチーズやベーコン、すぐに使う肉や魚など

おかずの定位置は2～3段目。2段目には主に冷蔵保存しておくものを入れています。ガラスの保存容器を使用すると、中に何が入っているか一目でわかります。ホーロー容器に入れたものは、日付や料理名を書いたマスキングテープを貼ってわかりやすく。これから冷凍保存する予定のおかずは3段目に。ホーローのみそ容器に入れたみそと、ヨーグルトがこの段の奥にあります。チーズなどの食材はチルド室に。1段目には、卵や納豆などの定番食品と、バターなどの冷蔵保存が必要な調味料が入っています。

> 冷凍庫

小口切りの小ねぎを真空容器に入れて

何を入れてもいいスペース 今はミートボール

魚介類は奥

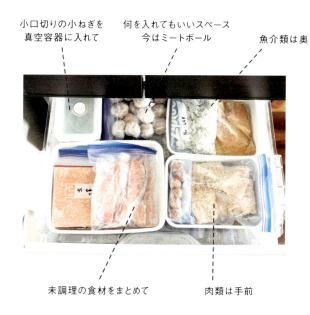

冷凍庫の1段目は、主に肉や魚を入れています。下ごしらえを終えたものだけでなく、ひき肉や干物、魚の切り身など未調理の食材も。ジャンルごとにざっくりバットで分け、重ねて収納しています。パッと取り出して使うことが多い小ねぎもこの段に。

未調理の食材をまとめて

肉類は手前

副菜

余ったスペースにアイスを

市販の冷凍食材

2段目にはメインおかず、サブおかず、ゆで野菜、食材ミックス、主食、市販の冷食とざっくりカテゴリーを分けて、すべて縦に並べています。区分けには冷凍庫用の整理トレーを使用。アイスは箱から出して隙間に立てて入れることで、すっきり省スペースになります。

パン、ごはんなど主食の定位置

調理済みのメインおかずはここに

野菜ものの定位置

機能的なキッチンの工夫

できるだけ機能的に料理ができるように、調理器具の位置などを工夫しています。冷蔵庫内の管理が苦手だという方は、ボードを使うクセをつけるのもおすすめです。

マグネットでぶら下げて収納

冷蔵庫の横に強力マグネットフックをつけて、よく使う調理器具はそこに吊るしています。

（1段目）キッチンバサミはケースがマグネットになっているもの。その横にはみそ汁に使う器具をまとめて。泡立て器は和えもののたれを混ぜるときなどにも活躍します。

（2段目）キッチンペーパーケースにはゴム手袋をセット。先端がシリコンになっているトングは鍋をいためないので便利。お玉、ターナー、木べらなどは手にしっくりなじむ形のものを使っています。ステンレス製の菜箸は揚げ物に使いやすいように先端に滑り止め付き。粗目のおろし金は、和えものやしりしりに使う野菜に使用。ゆで卵カッターも何かと重宝します。

庫内管理にはボードを活用

 数日後 →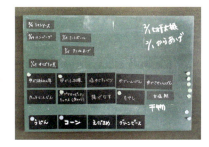

作り置きをしたら、名前と日付をマスキングテープに書いてマグネット式の黒板に貼ります。中央のゾーンには、常備しておきたいスタメンの食材類を書き、在庫があるときは丸いシールを貼っています。このゾーンのものは、使いきったらひまを見て補充するようにします。一番下のゾーンでは同じくスタメンの冷凍食材の在庫状況をチェック。こちらもなくなったら次の買い物で買い足しておきます。

おかずと食材がずいぶん減りました。このあとおかずと食材の在庫を一通り食べきってから、また新たな冷凍おかず、食材を作り置きするのがわが家の定番のルーティーンです。途中で作り足した冷凍おかずや買い足した食材は、さっとチョークでメモすることもあります。

作り置きアイテムは取り出しやすさ第一

冷凍保存用ポリ袋やラップは、キッチンの作業台の手元にある一番取り出しやすい引き出しに入れています。よく使うものほどすぐに手が届く場所に置いておくと使いやすいキッチンになります。
ポリ袋は100円ショップの収納ケースを使ってすっきり薄く。マスキングテープも同じところに入れておけば、作ったらすぐに名前と日付を書く習慣がつきやすいです。

冷凍つくおきを使いこなすコツ
Q & A

Q お弁当に入れるときはどうしていますか？

A 冷蔵庫での解凍がおすすめです

凍ったまま詰めて持っていくとおかずがいたむので、前日の夜に冷蔵庫に移して解凍しておき、翌朝お弁当箱に詰めることをおすすめします。解凍しておかずから水分が出た場合は、ふき取るなどしてから入れます。急いで解凍したいときは電子レンジでも可能ですが、しっかりと粗熱を取ってからお弁当箱に詰めてください。

Q 冷凍に向いていない食材はありますか？

A こんにゃくやじゃがいも、国産かぼちゃは避けて

こんにゃくは食感が変わってスポンジ状に。じゃがいもも、つぶさずにそのまま入れるとスカスカになってしまうので冷凍には向きません。いずれも、使っているおかずを冷凍したいときは取り除いてから。

かぼちゃは冷凍可能というイメージがありますが、固形のまま冷凍するには、水分が少ない西洋かぼちゃが向いています。水分が多めの国産かぼちゃは解凍するとぐずぐずになることが多いです。さつまいもも冷凍可能ですが、大きく切ったものは食感が少し悪くなります。気をつけたいのは、冷凍に向いていると言われていても、自分の好みに合わないこともあり、その逆もあるということです。例えば、ブロッコリーは冷凍可能と言われていますが、私は好みではないので、冷凍しません。自分に合う食材を見つけることも大事だと思います。

Q 保存袋ではなく保存容器での冷凍もできますか？

A 空気に触れない冷凍用ポリ袋をおすすめします

容器のまま冷凍すると、空気に触れてしまうため乾燥したり味が落ちたりしやすくなります。冷凍保存はとにかくできるだけ空気に触れさせないのが鉄則。容器を使う場合は、真空容器を使うと、劣化を防げるかもしれません。小口切りのねぎだけは、ポリ袋ではなく保存容器がおすすめです。

Q バットや保存容器を冷凍庫に入れるときの注意点はありますか？

A 冷凍用のものか、きちんと確認を

ホーロー容器、バット、ガラスの容器は、いずれも商品の取扱説明書などで冷凍可能であることをご確認ください。冷凍可能とあっても、ものによってはフタが劣化しやすかったりするのですが、冷凍に強い素材や真空状態をつくれるフタが付属している商品もあります。用途に合わせて選んでみてください。
冷凍用のプラスチック容器は冷凍庫からそのままレンジにかけられるものも多く便利ですが、強い色や匂いはつきやすいようです。
ご自身の使いやすさに合わせて選んでくださいね。

point 保存アイテムの素材にも注目

ラップや保存袋、保存容器には、素材によって冷凍可のものとそうでないものがあります。見た目は同じように見えますが用途には違いがあります。
パッケージなどに品質表示欄があるので、
①原料の種類、②耐熱温度と耐冷温度、③使用上の注意、をきちんとチェックします。
家庭用の冷凍庫はJIS規格で−18度以下と決められています。冷凍保存に使用するアイテムは、耐冷温度がこれより低いものを選びましょう。

ラップ

冷凍保存に使用するときはポリ塩化ビニリデンという素材のものを選びます。安いラップに使われていることが多いポリエチレン、ポリ塩化ビニルという素材は、冷凍や冷蔵での保存には向かないのだそうです。

保存容器

プラスチック製容器には電子レンジ不可のもの、フタだけ外してレンジ加熱ができるものなどがあります。ガラス製容器はフタだけ外して加熱可のものが多いようです。ホーロー製品は電子レンジにはかけられないので、必ず中身を別のお皿などに移してからレンジにかけてくださいね。

保存袋

冷凍可のもの、冷蔵のみ可のもののほか、冷凍はできてもレンジや煮沸などで解凍することができないものがあるのでご注意を。また、ポリエチレン製など素材によっては、油分が多いものを熱い状態で入れると袋が破れることがあるので、必ず冷ましてから入れます。

おわりに

ここまで読んでくださったみなさま、ありがとうございます。

わが家の毎日の食事は、この本で紹介したさまざまな冷凍の作り置きをはじめ、今まで紹介してきた冷蔵の作り置きや、すぐに作れるような簡単なおかず、たまに外食やお惣菜、レトルト食品も登場します。
ライフステージの変化に合わせ、自然とこれらの比率を、その時々に合うようにして過ごしてきました。

毎日の食事作りの中に、"冷凍"という選択肢が増えてくると、冷蔵の作り置きでは足りないところもカバーでき、予定変更にも強くなりました。私が感じた"冷凍"の良いところが、みなさまの生活のヒントになれば、こんなにうれしいことはありません。

最後に、ありがたいことに5冊目を出版することができたのは、いつもサイトや本を利用してくださる方、応援してくださる方のおかげです。
本当にみなさま、いつもありがとうございます！

冷凍つくおき　材料別さくいん

肉類

鶏むね肉
- チキンのマヨカレーグリル — 51
- チキンナゲット — 56

鶏もも肉
- 塩レモン風味の鶏ももからあげ — 18
- 鶏肉とごぼうのトマト煮込み — 19
- チキンの粒マスタード煮込み — 20
- 黒酢照り焼きチキン — 21
- 鶏と大根のだし照り煮 — 22
- タッカルビ（鶏肉と野菜の韓国風炒め） — 24
- 鶏肉のねぎ塩漬け — 52
- チキンの粒マスタード漬け — 53
- 焼き鳥 — 54
- 鶏肉と根菜のさっと煮 — 99
- 鶏肉とパプリカの甘酢あん — 102
- 醤油マヨからあげ — 108
- 鶏なすピーマンみそ炒め — 109

鶏手羽先
- 手羽先のオーブン焼き — 55

鶏手羽元
- 手羽元の韓国風 — 112

豚ロース肉
- 豚ロースの西京漬け — 57
- 豚肉の梅醤油漬け — 58
- 豚肉と青じそのくるくる巻き — 59
- チーズとんカツ — 60

豚もも薄切り肉
- 豚肉のだし醤油漬け — 111
- 豚肉のだし醤油卵とじ — 129

豚薄切り肉
- 梅みそ豚しゃぶ — 27

豚こま切れ肉
- 豚肉ときのこのオイスター炒め — 26
- 豚肉とキャベツのみそ炒め — 92

豚バラ薄切り肉
- 白菜と豚バラのうま煮 — 28
- かぼちゃとしその豚バラ巻き — 83

豚ひき肉
- 和風ハンバーグ — 23
- ロールキャベツ — 29
- 野菜たっぷりミートローフ — 30
- ひき肉たっぷりの麻婆大根 — 31
- 揚げ焼き肉団子の甘酢あんかけ — 32
- キャベツメンチカツ — 33
- れんこん肉詰め — 61
- ハンバーク — 62
- 白菜と豚肉の中華風とろみあん — 75
- なすの肉みそ炒め — 77
- カレースコップコロッケ — 81
- 白菜チャプチェ — 100
- プレーンミートボール — 110
  - ミートボールBBQソース — 124
  - ミートボールのトマトソース煮 — 128

鶏ももひき肉
- ごはんが進むピリ辛鶏そぼろ — 25

魚類

鮭
- 鮭のチーズパン粉焼き — 65
- 鮭のみそ漬け — 113
  - 鮭そぼろ丼 — 127

さわら
- さわらの梅みりん — 63

ブリ
- ブリの照り焼き — 64

野菜類

青じそ
- 豚肉と青じそのくるくる巻き — 59
- かぼちゃとしその豚バラ巻き — 83

エリンギ
- 和風ハンバーグ — 23
- 豚肉ときのこのオイスター炒め — 26
- きのこのねぎ塩炒め — 42

オクラ
- ゆでオクラ — 78
- オクラのきざみ昆布和え — 78
- オクラの卵焼き — 79
- オクラ納豆チャーハン — 79

かぼちゃ
- かぼちゃとレーズンとナッツのサラダ — 34
- かぼちゃとさつまあげの煮物 — 35
- かぼちゃとベーコンのキッシュ風 — 44
- 薄切りかぼちゃ — 82
- かぼちゃのバター醤油焼き — 82
- かぼちゃとしその豚バラ巻き — 83
- かぼちゃのマヨサラダ — 83
- かぼちゃのだし煮 — 114

キャベツ
- ロールキャベツ — 29
- キャベツメンチカツ — 33
- ゆでキャベツ — 72
- キャベツの塩レモン和え — 72
- キャベツののり和え — 73
- キャベツとベーコンとチーズのスープ — 73

キャベツ / たまねぎ / 小ねぎセット 90
　豚肉とキャベツのみそ炒め 92
　キャベツのポン酢おかか和え 93
　エッグコンソメスープ 93

きゅうり
ポテトサラダ 80

小ねぎ
キャベツ / たまねぎ / 小ねぎセット 90
　豚肉とキャベツのみそ炒め 92
　キャベツのポン酢おかか和え 93
　エッグコンソメスープ 93

小松菜
ゆで小松菜 70
小松菜のおかか和え 70
小松菜のツナマヨサラダ 71
小松菜の卵炒め 71
小松菜 / にんじん / 油揚げセット 91
　炒り豆腐 96
　小松菜とにんじんのごまみそ和え 97
　かきたま汁 97

ごぼう
鶏肉とごぼうのトマト煮込み 19
カレーきんぴらごぼう 38
ゆでごぼう 86
ごぼうのごま和え 86
ごぼうのピーナッツマヨサラダ 87
ごぼう南蛮 87
ごぼう / にんじん / 油揚げセット 91
　ごぼうとにんじんの卵とじ 98
　鶏肉と根菜のさっと煮 99
　ごぼうとにんじんのみそ汁 99

さつまいも
さつまいものツナ和え 39
さつまいもとソーセージのめんつゆ煮 40

さやいんげん
豚肉のだし醤油漬け 111
冷凍いんげん 119
いんげんのトマトソース 120
いんげんと炒り卵のごま和え 128

しめじ
豚肉ときのこのオイスター炒め 26
きのこのねぎ塩炒め 42

じゃがいも
のり巻きチーズじゃがいももち 43
ポテトマッシュキッシュ 45
マッシュポテト 80
ポテトサラダ 80
カレースコップコロッケ 81
じゃがいものポタージュ 81

セロリ
野菜たっぷりミートローフ 30

根菜スープ煮 116
　根菜の和風コンソメスープ 126

大根
鶏と大根のだし照り煮 22
ひき肉たっぷりの麻婆大根 31
レンジ大根 88
大根の甘みそ和え 88
大根のゆずこしょう和え 89
大根のにんにく炒め 89
大根 / にんじん / 長ねぎセット 90
　大根チヂミ 94
　大根とにんじんのきんぴら風 95
　大根にんじん長ねぎのみそ汁 95
根菜スープ煮 116
　根菜の和風コンソメスープ 126

たまねぎ
チキンの粒マスタード煮込み 20
和風ハンバーグ 23
タッカルビ（鶏肉と野菜の韓国風炒め） 24
ロールキャベツ 29
野菜たっぷりミートローフ 30
チリビーンズソーセージ 46
チキンのマヨカレーグリル 51
チキンの粒マスタード漬け 53
ハンバーグ 62
キャベツ / たまねぎ / 小ねぎセット 90
　豚肉とキャベツのみそ炒め 92
　キャベツのポン酢おかか和え 93
　エッグコンソメスープ 93
プレーンミートボール 110
　ミートボールBBQソース 124
　ミートボールのトマトソース煮 128
豚肉のだし醤油漬け 111
　豚肉のだし醤油卵とじ 129
うまみたっぷりトマトソース 118

チンゲン菜
ゆでチンゲン菜 119
チンゲン菜とにんじんのおひたし 121
チンゲン菜と豆腐のみそ汁 123
チンゲン菜の卵スープ 125
チンゲン菜の塩昆布和え 127

トマト
チリビーンズソーセージ 46

長ねぎ
ひき肉たっぷりの麻婆大根 31
揚げ焼き肉団子の甘酢あんかけ 32
鶏肉のねぎ塩漬け 52
大根 / にんじん / 長ねぎセット 90
　大根チヂミ 94
　大根とにんじんのきんぴら風 95
　大根にんじん長ねぎのみそ汁 95

なす
揚げなす	76
揚げなすのポン酢醤油和え	76
なすの肉みそ炒め	77
なすのトマトソース	77
鶏なすピーマンみそ炒め	109

ニラ
白菜 / ニラ / もやしセット	91
白菜チャプチェ	100
白菜ニラもやしのツナ和え	101
野菜中華スープ	101

にんじん
野菜たっぷりミートローフ	30
カレーきんぴらごぼう	38
油揚げ入りにんじんしりしり	41
基本のひじきの煮物	47
大根 / にんじん / 長ねぎセット	90
大根チヂミ	94
大根とにんじんのきんぴら風	95
大根にんじん長ねぎのみそ汁	95
小松菜 / にんじん / 油揚げセット	91
炒り豆腐	96
小松菜とにんじんのごまみそ和え	97
かきたま汁	97
ごぼう / にんじん / 油揚げセット	91
ごぼうとにんじんの卵とじ	98
鶏肉と根菜のさっと煮	99
ごぼうとにんじんのみそ汁	99
きんぴられんこん	115
根菜スープ煮	116
根菜の和風コンソメスープ	126
チンゲン菜とにんじんのおひたし	121
チンゲン菜と豆腐のみそ汁	123
チンゲン菜の卵スープ	125

白菜
白菜と豚バラのうま煮	28
ゆで白菜	74
白菜のおひたし	74
白菜とがんもどきの含め煮	75
白菜と豚肉の中華風とろみあん	75
白菜 / ニラ / もやしセット	91
白菜チャプチェ	100
白菜ニラもやしのツナ和え	101
野菜中華スープ	101

パプリカ
パプリカミックス	91
鶏肉とパプリカの甘酢あん	102
パプリカガーリック炒め	103
パプリカのトマトスープ	103

ピーマン
パプリカミックス	91
鶏肉とパプリカの甘酢あん	102
パプリカガーリック炒め	103
パプリカのトマトスープ	103
鶏なすピーマンみそ炒め	109
ピーマンとツナの卵炒め	117

ほうれん草
ゆでほうれん草	68
ほうれん草の昆布和え	68
ほうれん草のベーコンエッグ	69
ほうれん草のごま和え	69

まいたけ
和風ハンバーグ	23
豚肉ときのこのオイスター炒め	26

ミニトマト
ポテトマッシュキッシュ	45

もやし
白菜 / ニラ / もやしセット	91
白菜チャプチェ	100
白菜ニラもやしのツナ和え	101
野菜中華スープ	101

れんこん
れんこんとひじきの山椒炒め煮	36
蒸し焼きれんこん	37
れんこん肉詰め	61
レンジれんこん	84
れんこんのレモン和え	84
れんこんの和風カレー炒め	85
れんこんベーコンチーズペッパー	85
きんぴられんこん	115

豆腐・大豆製品

油揚げ
油揚げ入りにんじんしりしり	41
基本のひじきの煮物	47
小松菜 / にんじん / 油揚げセット	91
炒り豆腐	96
小松菜とにんじんのごまみそ和え	97
かきたま汁	97
ごぼう / にんじん / 油揚げセット	91
ごぼうとにんじんの卵とじ	98
鶏肉と根菜のさっと煮	99
ごぼうとにんじんのみそ汁	99

がんもどき
白菜とがんもどきの含め煮	75

豆腐
炒り豆腐	96
チンゲン菜と豆腐のみそ汁	123

納豆
オクラ納豆チャーハン	79

卵・乳製品

卵
かぼちゃとベーコンのキッシュ風	44
ほうれん草のベーコンエッグ	69
小松菜の卵炒め	71
オクラの卵焼き	79
オクラ納豆チャーハン	79
エッグコンソメスープ	93
かきたま汁	97
ごぼうとにんじんの卵とじ	98
野菜中華スープ	101
ピーマンとツナの卵炒め	117
基本の炒り卵	118
根菜の和風コンソメスープ	126
鮭そぼろ丼	127
いんげんと炒り卵のごま和え	128
チンゲン菜の卵スープ	125
豚肉のだし醤油卵とじ	129

牛乳
じゃがいものポタージュ	81

チーズ
のり巻きチーズじゃがいももち	43
かぼちゃとベーコンのキッシュ風	44
ポテトマッシュキッシュ	45
チーズとんカツ	60
鮭のチーズパン粉焼き	65
ほうれん草のベーコンエッグ	69
キャベツとベーコンとチーズのスープ	73
なすのトマトソース	77
かぼちゃのマヨサラダ	83
れんこんベーコンチーズペッパー	85

加工品

ソーセージ
さつまいもとソーセージのめんつゆ煮	40
チリビーンズソーセージ	46
パプリカガーリック炒め	103

ハム
ポテトサラダ	80
かぼちゃのマヨサラダ	83

ベーコン
かぼちゃとベーコンのキッシュ風	44
ポテトマッシュキッシュ	45
ほうれん草のベーコンエッグ	69
キャベツとベーコンとチーズのスープ	73
れんこんベーコンチーズペッパー	85
うまみたっぷりトマトソース	118

梅干し
梅みそ豚しゃぶ	27
豚肉の梅醤油漬け	58

さわらの梅みりん	63

さつまあげ
かぼちゃとさつまあげの煮物	35

ミックスビーンズ
チリビーンズソーセージ	46

レーズン
かぼちゃとレーズンとナッツのサラダ	34

ナッツ
かぼちゃとレーズンとナッツのサラダ	34
ごぼうのピーナッツマヨサラダ	87

缶詰

ツナ缶
さつまいものツナ和え	39
小松菜のツナマヨサラダ	71
白菜ニラもやしのツナ和え	101
ピーマンとツナの卵炒め	117

トマト缶
なすのトマトソース	77
パプリカのトマトスープ	103
うまみたっぷりトマトソース	118
いんげんのトマトソース	120

乾物

乾燥春雨
白菜チャプチェ	100

乾燥芽ひじき
れんこんとひじきの山椒炒め煮	36
基本のひじきの煮物	47

乾燥わかめ
ごぼうとにんじんのみそ汁	99

きざみ昆布
オクラのきざみ昆布和え	78

塩昆布
チンゲン菜の塩昆布和え	127

のり
のり巻きチーズじゃがいももち	43
キャベツののり和え	73

主食

オクラ納豆チャーハン	79
鮭そぼろ丼	127

nozomi （のぞみ）

森望。大阪府出身。SEとしてフルタイムで勤務する中で、週末に1週間分のおかずをまとめて作り置きするライフスタイルを開始。そのレシピを記録したサイト『つくおき』が大きな話題となる。サイトをもとにまとめられた『つくおき』シリーズは累計100万部を超える大ベストセラー。現在はサイトの運営をはじめ、企業のレシピ開発や商品開発への協力など、簡単でおいしい料理をテーマに幅広いジャンルで活躍している。夫と子どもの3人暮らし。

stuff

調理・スタイリング	nozomi
撮影	nozomi、衛藤キヨコ（表紙、P.12〜15、P.132〜144）
本文デザイン	Iyo Yamaura
アドバイザー	ひろき
協力	海老原牧子
編集	北川編子

冷凍つくおき
（れいとう）

2019年3月30日　初版第1刷発行

著者	nozomi
発行者	田邉浩司
発行所	株式会社 光文社
	〒112-8011 東京都文京区音羽1-16-6
電話	編集部 03-5395-8172
	書籍販売部 03-5395-8116
	業務部 03-5395-8125
メール	non@kobunsha.com
	落丁本・乱丁本は業務部へご連絡くださればお取り替えいたします。
組版	堀内印刷
印刷所	堀内印刷
製本所	ナショナル製本

R ＜日本複製権センター委託出版物＞
本書の無断複写複製（コピー）は著作権法上での例外を除き禁じられています。本書をコピーされる場合は、そのつど事前に、日本複製権センター（☎03-3401-2382、e-mail: jrrc_info@jrrc.or.jp）の許諾を得てください。

本書の電子化は私的使用に限り、著作権法上認められています。ただし代行業者等の第三者による電子データ化及び電子書籍化は、いかなる場合も認められておりません。

©morinoki 2019
ISBN978-4-334-95079-8 Printed in Japan